启真馆 出品

六合叢書

洛城论学二集

胡文辉

ZHEJIANG UNIVERSITY PRESS
浙江大学出版社

丛书主编

吕大年　高峰枫

目　录

序

冯永军

　　我和文辉结识已经有十多年了，虽然也可以勉强忝列他的老朋友之一，但是细想起来，对他还是知之不尽的。究其原因，倒不是说"我居北海君南海"，见面畅谈的机会不多，而是因为文辉的关注面极广，对好多专题都有深入的研究；而我的兴趣，虽然和他也有不少重合之处，但是相对他的海阔天空而言，我只不过是眼睛里只有一小块天空的坎井之蛙而已。

　　文辉这本新著，内容并不单一，相反，倒是像要把他所有的本领都向读者们展示一番似的，包含了考证、掌故、札记、书评、时评等诸多方面。

　　试以开篇之文《〈史记〉"禁不得祠明星出西方"问题再议》为例，是对辛德勇先生《秦始皇禁祠明星事解》一文的商榷之作。关于《史记·秦始皇本纪》中的"禁不得祠明星出西方"这句话，近代中外很多名家如藤田丰八、向达、汤用彤、魏建功、岑仲勉、邓广铭、周一良、陈槃等人都发表过自己的看法，但是莫衷一是，未能形成大家一致认可的公论。辛德勇先生的新说法（即"禁不得祠明星出西方"应作为一个完整的句子来理解，"明星出西方"是军事上对东方国家不利的星象，在秦始皇统一国家之后，也就成为对秦王朝不利的星象，因此统治者禁止祭祀这一天象），上述诸公如若有知，不知是否首肯；至于我本人，则是觉得有些难遽以为定论的。在本书中，文辉也提出了一种不同于前人的说法。他认为，"'禁不得祠'四个字是一个自足的表述，反映的是政治法律方面的内涵"。放在当时的语境里来解释这句话，"秦以'迁亡人、赘婿、贾人'充当士兵，以开拓遥远的帝国边疆，具体的处置方式则是'徙谪，实之初县'"，而这些徙谪之人没有完整的公民权，"禁止他们进行或参与祭祀活动"。至于"明星出西方"，则作为一种星象的记录，应"自成一句"。我在这个问题上没有什么深入的研究，但是，我认为与其他很多说法相比较，文辉的看法是比较圆通的解释，很有说服力，"吾从胡"。

文辉善于发现问题，这应该是他推崇的陈寅恪先生的教外别传。比如，李义山的"可怜夜半虚前席，不问苍生问鬼神"可算是脍炙人口的名句了，很多人都是熟记成诵的。可是文辉比别人想得更深、更广，以小见大，从"前席"这个小的细节，联想到春秋时期士人"上不臣天子，下不事诸侯"的独立精神，以及后世士人在君主面前地位不断下降，"坐而论道，谓之三公。唐宋盛时，大臣讲官，不辍赐坐、赐茶之举，从容乎便殿之下，因得讲论古道，硕儒兴起。及其季也，朝见长跪、夕见长跪之馀无此事也"。本书中所引的龚自珍的这段议论，可谓士人的伤心史，行文至此的文辉，分明显露出了他早年所出的随笔集《最是文人》中的情怀。

和我一样，文辉对晚清、民国以来的文人掌故也有着浓厚的兴趣，之前出版的《人物百一录》中便收录有《钱锺书诗〈沉吟〉索隐》、《再谈钱锺书为谁沉吟》等文章，涉及的人物有冒鹤亭、冒孝鲁、钱锺书等人。本书中《梁鸿志的刺蒋诗及其他》及《梁鸿志的"三十三宋"钩沉》便延续了这一专题，而笔端指向名声更大的梁鸿志。至于研究写作方式则是"上穷碧落下黄泉，动手动脚找东西"，尽最大可能地占有相关资料，涸泽而渔。以《梁鸿志的刺蒋诗及其他》为例，除了因冒孝鲁的悼念故人之作而拈出梁鸿志的《妙高台》诗外，一口气又陆续引出李拔可的《妙高台通云禅师塔用无畏韵》，周达的《雪窦妙高台和众异韵》，诸宗元的《妙高台和众异韵》、《拔可既和众异妙高台诗更依韵一首》等，足见其在文献搜集方面用功之深。此文发覆之处颇多，读起来真是兴趣盎然。

文辉是"好书之徒"，家里藏书之多、品类之广也是有名的，我曾经几次徜徉在他的书房里，羡慕、嫉妒之情油然而生。写书评之类的文字更是他的一大爱好。之前已经有结集的《书边恩仇录》，本书中也收录了一些书评，如《〈当代诗坛点将录〉读后》、《〈脚注趣史〉补注》、《读〈文雅的疯狂〉三题》等；跟《书边恩仇录》里面的文章不同的是，这些不是专栏文章，没有了字数的限制，让他可以更好地畅所欲言，笔墨淋漓，说个痛快。

文辉不是书斋里的学者，他的目光自始至终都是关注现实的，本书中很大的篇幅便是时评和思辨类的文字。

《噪音：一个自由问题》一文由春节是否该放爆竹的问题引出，对于个人的自由与他人的自由的辩证关系展开了精彩的阐述，而文章的结尾，更是让人拍案称赞，"抵制噪音，保有安静，出发点是个人权利问题，但最终要归结为个人责任问题。这似乎是个悖论，但实际上，自由问题总是如此的。权利作为一种价值终有其止境，人与人的关系，共同体的秩序，是无法仅通过争取权利来维系的。没有责任，也没有自由。"

文辉年富力强，胸中肯定还有很多大文章、大著作尚未写出。在"十目一行"，细读本书之时，我们有理由相信，其下一本著作，将更加精彩。

2016 年暮春于海上蒹葭馆

《史记》"禁不得祠明星出西方"问题再议

　　这是个老问题了。但由于辛德勇先生近年提出了新解，加之中华书局新刊的《史记》修订本接受了他的解释，修改了旧版有关文句的标点，使得这个老问题再度浮现出来。对此问题，我久有关注，但因循未有所作，现在看来，还是值得再作一番清理的。

　　问题源自《史记·秦始皇本纪》中的一段：

　　　　三十三年，发诸尝逋亡人、赘婿、贾人略取陆梁地，为桂林、象郡、南海，以适遣戍。西北逐匈奴。自榆中并河以东，属之阴山，以为（三）［四］十四县，城河上为塞。又使蒙恬渡河取高阙、（陶）［阳］山、北假中，筑亭障以逐戎人。徙谪，实之初县。禁不得祠。明星出西方。
　　（此处标点据中华书局1959年版，第253页）

1

针对这段话的末尾，在近九十年前，日本藤田丰八首先将"禁不得祠"四字单独标举出来，认为"不得"是梵文"浮屠"（Buddha）的对音，也就是将"不得祠"理解为佛教拜祭，证明佛教在秦始皇时代即已流传中国了！（《中国石刻的由来》，原载《东洋学报》第十六卷第二号，中译见卫聚贤《古史研究》第二集下册，1934年版）

藤田此说新奇可喜，当时中国学者如马非百、岑仲勉皆信从之。此外，刘节虽否定"不得"为Buddha，但又承袭其思路，以为"不得"系"扑特"的同音异写，意指牦牛；岑仲勉以后虽改变看法，但以为"不得"系古印度婆罗门教"吠陀"的对音，又以为系拜火教经典Avesta的对音。他们的解说各有不同，却有一个共通的思路，即认为"不得"在句中应是名词。——对此，陈槃举出两汉三国以前文献中的大量例句，证明"禁不（毋或无）得＋动词或动宾结构"、"禁＋名词＋不（无）得＋动词或动宾结构"为上古常见的语式；还有，魏建功从音韵学的角度，也否定了"不得"为"浮屠"、"吠陀"对音之说（《由"高雄"说到"不得"》，《魏建功文集》第四册，江苏教育出版社2001年版）。如此，足见"不得"在这句话中必为虚词，绝非实词，藤田一系的种种非常异议可怪之论也就不攻自破了。

可是，藤田一系的解说虽谬，但否定者一系的解释又如何呢？如汤用彤、陈槃、杨宪益，都倾向于将《史记》那段话解释为祭祀明星（太白），易言之，是以"禁不得祠明星"作为一个完整的表述单位来理解；但如此一来，后面的"出西方"三字就没有了着落，成了无法解释的赘语。（以上有关撰述的篇目，已见陈槃、辛德勇两篇论文的引录，此处不再重新列举。请参陈文《"禁不得祠明星出西方"之诸问题》，原载《历史语言研究所集刊》第二十一本第一分，增订本收入《旧学旧史说丛》上册，上海古籍出版社 2010 年版；辛文《秦始皇禁祠明星事解》，原载《文史》2012 年第 2 辑，收入《旧史舆地文录》，中华书局 2013 年版。）

正是为了弥合这一矛盾，辛德勇在此基础上提出了新说，即"禁不得祠明星出西方"应作为完整的句子来理解。具体说来，他拈出关于太白星的星占学说，例如：

其当期出也，其国昌。……出西至东，正西国吉；出东至西，正东国吉。（《史记·天官书》）

太白始出东方，西方之国不可以举兵；始出西方，东方之国不可以举兵。破军杀将，其国大破败。（《开元占经》卷四五引《荆州占》）

从西方来，阴国有之；从东方来，阳国有之。（马王堆帛书《五星占》）

……太白、岁星在西方，占曰东方之国破。（《华阳国志》）

太白出西方，出酉，秦胜楚；出申，楚胜秦。（《开元占经》卷四五引《石氏星经》）

3

由此，他认为"明星（太白）出西方"本是一种在军事上对东方国家不利的星象，在秦始皇统一中国之后，也就成为对秦王朝不利的星象，统治者自然要禁止祭祀这一天象。

辛德勇此论，是很有价值的探讨，也能自圆其说，看似表面证据成立，但细究起来，我以为仍属勉强。其一，根据陈槃总结的"禁不得＋动词或动宾结构"的语式，从语法角度看，《秦始皇本纪》这句话若读作"禁不得祠明星"自然是通顺的，但若读作"禁不得祠明星出西方"就显然不通了；其二，《秦始皇本纪》这句话讲的是"祠"，而《天官书》等星占书讲的是"占"，"祠"（祭祀）与"占"（预测）的性质是截然不同的，恐怕没有文献可以证明，存在着针对"明星出西方"这一星占现象的祭祀行为——祭祀的对象，可以是作为神灵的"明星"（静态的），却不会是作为现象的"明星出西方"（动态的）。在我看来，辛德勇突出"明星出西方"作为星占的军事性质，可算是合理的，但即便此说成立，在逻辑上，也只是解决了"明星出西方"的问题，而并未真正解决"祠明星（出西方）"的问题，更未解决这句话的句读问题。

当然，这只是消极的质疑。还要有积极的质疑，也就是另外提出合理的解释，才可能真正澄清此问题。

在此，首先我要指出，"禁不得祠"四字是一个自足的表述，反映的是政治法律方面的内涵。可以说，这是问题的关键所在，解决了此四字的疑难，此问题也就迎刃而解了。

我们知道，上古社会，尤其是其上层社会，是以宗族为单位的，若宗族成员涉罪，往往会株连整个宗族，此即所谓"族刑"（有关此问题的论述极多，不烦列举。近年魏道明有专著《始于兵而终于礼——中国古代族刑研究》，中华书局 2006 年版）；而"族刑"的要点之一，是毁灭此族的宗庙，剥夺其成员祭祀祖先的权利，即所谓"绝祀"（这牵涉到其他重要问题，此处亦不细述。可参侯志义《采邑考》，西北大学出版社 1989 年版，第 134—138 页；徐鸿修、安也致《春秋贵族法规研究》，广西师范大学出版社 1993 年版，第 61—62 页）。而且，这些背负了罪犯身份的成员，不仅不能再祭祀自己的祖先，甚至也不能参与祭祀公共的神灵。《周礼·秋官司寇·蜡氏》有这样的话：

> 凡国之大祭祀，令州里除不蠲，禁刑者、任人及凶服者，以及郊野，大师、大宾客亦如之。

这是说，凡属于"不蠲"（不洁者）、"刑者"（曾受肉刑者）、"任人"（被管教者）、"凶服者"（服丧者），都没有资格参加公共性的祭祀活动（可参滋贺秀三《中国上古刑罚考——以盟誓为线索》，《日本学者研究中国史论著选译》第八卷，中华书局 1992 年版）。《周礼》的总体性质虽非实录，但在这类细节上，却可以相信是折射了实存的风俗或制度的。

现在，再回到《史记》。那段记录，是说当时秦以"逋亡人、赘婿、贾人"充当士兵，以开拓遥远的帝国边疆，具体的处置方式则是"徙谪，实之初县"。"徙谪"，就是流放到边疆地区，属于上古"流刑"的范畴（可参徐定戡《两汉刑名考》，上海震旦法律经济杂志民国36年版，第45—47页；魏道明《始于兵而终于礼——中国古代族刑研究》，第76—82页；[日]宫宅洁《中国古代刑制史研究》第二章，杨振红等译，广西师范大学出版社2016年版），在此宜用作名词；至于"初县"，应指新设立的"县"，也即上文所说的"以为四十四县"的"县"，所谓"实之初县"，则当指将流放者自原先的宗族或乡里组织中抽离出来，以强制方式安置到新的行政单位。可以想象，这些出身罪人的士兵，在身份权利方面必然是低人一等的，比不上一般平民；用现代的话来说，就是没有完整的"公民权"，甚至是取消了"公民权"。而他们被取消的权利，自然应包括古人异常重视的祭祀权。从这个角度，我们再看"禁不得祠"四字，恰恰紧接着"徙谪，实之初县"那一句；因此，完全有理由相信，"禁不得祠"应是特别针对那些被流放到边疆的罪人而言的，意思是禁止他们进行或参与祭祀活动——也许，包括了公、私两种性质的祭祀活动。照这样理解，也完全符合"禁不得＋动词或动宾结构"语式的规则，毫无凿枘之处。

而辛德勇先生在其论文中认为，"禁不得祠"不可能解释为天下"普遍禁止祠祀"，故必须与下文"明星出西方"连读，却没有考虑到，"禁不得祠"四字不必针对天下而言，它可以有特定的指涉对象。

这样的话，《史记》上述的话就可以标点为："徙谪，实之初县，禁不得祠。"即"徙谪"应作主语，指流放者，而"禁不得祠"跟"实之初县"的语法地位相等,都是对"徙谪"作出修饰的宾语,以说明对流放者的处置方式。

至于"明星出西方"五字,相对更容易理解一些。古人极重视自然界的异常现象,尤其是天象物候之类,视之为人世间事的征兆或反应,往往郑重其事地载诸史籍。即以"明星出西方"所出的《秦始皇本纪》一篇为例,类似记录就见于许多年份,比如有关星宿现象的:

> 七年,彗星出东方,见北方,五月见西方。……彗星复见西方十六日。
> 九年,彗星见,或竟天。……彗星见西方,又见北方,从斗以南八十日。
> 十三年……正月,彗星见东方。
> 三十六年,荧惑守心。有坠星下东郡,至地为石……

就性质乃至语式来说,"明星出西方"显然与此是一贯的,是记录此年的异常天象。还有一点,这些异象不少都系于每年纪事之末,比如:

> 五年……初置东郡。冬雷。
> 八年……将军壁死,卒离留、蒲鹢反,戮其尸。河鱼大上,轻车重马东就食。
> 十五年,大兴兵,一军至邺,一军至太原,取狼孟。

地动。

二十一年……昌平君徙於郢。大雨雪，深二尺五寸。

就文例来说，"明星出西方"系于三十三年纪事之末，与此也是一致的，因而也当自成一句，并无可疑之处。

不仅如此，"明星出西方"这一星象，跟此年所记的大事件恐怕也是相呼应的。《史记·天官书》关于太白星的星占，另有这样几句：

> 其与列星相犯，小战；五星，大战。……出东为德，举事左之迎之，吉；出西为刑，举事右之背之，吉。反之皆凶。

意思大约是说，当太白与其他星宿相冲，出于东方则代表"德"之事，出于西方则代表"刑"之事。再看《秦始皇本纪》三十三年那段，恰恰是记录了"徙谪"的事件，也可以说是有关"刑徒"（犯人）的事件，这跟《天官书》"出西为刑"的占语，不是正相吻合吗？相反，如按辛德勇的说法，"明星出西方"的星象在军事上是不利于秦王朝的；但此年秦军南征北讨，仍处于对外征服的顺境，这样，跟星占的结果岂不是正相矛盾吗？

退一步说，即便我们接受辛德勇关于星占方面的解释，其实"明星出西方"仍不妨作为独立的句子来理解，而无须跟"禁不得祠"扯上关系。

总之，无论"禁不得祠"，抑或"明星出西方"，都是意思自足的话，完全不需要连在一起进行解读。我以为，照这样理解，问题就变得简单了，"禁不得祠明星出西方"这句话，既不需要牵强地解释为禁止祭祀"不得"，也不需要迂曲地解释为禁止祭祀"明星出西方"。

那么，这句话的句读，中华书局旧版《史记》参考岑仲勉之说，点作两句："禁不得祠。明星出西方。"（参容甫［徐俊］《关于"不得"的后话》，《书品》2010 年第 3 辑）算得上歪打正着；而新版《史记》依据辛德勇之说，作为一句连读"禁不得祠明星出西方"，倒是以不误为误了。

附记：

涉及此问题的论述，在陈槃、辛德勇两文引录之外，我还零星见到一些，姑亦迻录于此：关于"不得"的佛教说，黄灼耀表示存疑（《秦史概论》，广东省立文理学院历史系研究室1947 年版，第 105—106 页），方豪完全否定（《中西交通史》，岳麓书社 1987 年版，上册第 126—128 页），马非百（元材）始终坚执己见（《秦史纲要·自序》，大道出版社 1945 年版；《秦始皇帝传》，江苏古籍出版社 1985 年版，第 594—596 页），而陈桥驿则不自觉地承袭之（《佛教与佛骨》，《郦学札记》，上海书店出版社 2000 年版）。此外，在句读方面，陈寅恪似乎参照藤田之说，读为"禁不得祠"（《陈寅恪集·读书札记二集》，生活·读书·新知三联书店2001年版，第5页）；王叔岷援引陈槃之说，以"禁不得祠明星出西方"一句连读（《史记斠证》，中华书局2007年版，第一册第214页）。

另，辛德勇指泷川资言《史记会注考证》断句作："禁不得祠。明星出西方。"此系失于查检，泷川断句明明作："禁不得祠明星。出西方。"（《史记会注考证附校补》，上海古籍出版社1986年版，第167页）

（原刊《中国文化》2014年秋季号）

补记：

杨树达指出汉代有一风俗："或有不上先人之丘墓者，惟被刑为徒之人为然，盖以俗忌云。"（《汉代婚丧礼俗考》第二章第二节）也就是说，凡刑徒之人忌上坟祭祖。所引证有二，一是王充《论衡·四讳》：

> 俗有大讳四……二曰讳被刑为徒，不上丘墓。但知不可，不能知其不可之意。问其禁之者，不能知其讳；受禁行者，亦不要〈晓〉其忌，连相放效。至或于被刑，父母死，不送葬……（此据黄晖《论衡校释》，中华书局1990年版，

第三册第 970 页）

一是应劭《风俗通义》佚文：

> 徒不上墓。说新遭刑罪原解者，不可以上墓祠祀，令人死亡。（见《太平御览》卷六四二；此据吴树平《风俗通义校释》，天津人民出版社 1980 年版，第 428 页）

我以为，秦代刑徒的所谓"禁不得祠"，应当包括禁止祭祀祖先，而汉代这种"徒不上墓"的习俗，极可能正是"禁不得祠"制度的残留！只不过时过境迁，已失去了法律的强制性，而异化为一种迷信了。由《论衡》所述，可知汉代人已完全不知这种习俗的起源。而《论衡》、《风俗通义》都认为刑徒之人身体残缺，有违"身体发肤，受之父母，弗敢毁伤"的古训，故不宜祭祖——显然，这只是一种非历史主义的儒家"知识考古"，我们当然不必信从。

说"前席"

李商隐有一首七绝《贾生》：

> 宣室求贤访逐臣，贾生才调更无伦。可怜夜半虚前席，
> 不问苍生问鬼神！

宣室，西汉未央宫宣室殿，此代指汉文帝；贾生，即贾谊。对于此诗，清人冯浩《玉谿生诗集笺注》曰：

> 义山退居数年，起而应辟，故每以逐客逐臣自喻，唐人习气也。……此盖至昭州修祀事，故以借慨，不解者乃以为议论。

可是，即便李商隐是以贾谊自况，但无可否认，"可怜夜半虚前席，不问苍生问鬼神"两句，确带有史论性质。

从表面看，这两句诗似不难解，"前席"，就是使坐席前移，让自己靠近对方，更容易听清对方讲话。义山的意思是：汉文帝如此诚心地向贾谊请教，却只是有关鬼神之事，而非国家之事，这样的求贤又有什么意义呢！"虚前席"之责，似轻而实重。

可能就是因为李义山此诗，"前席"二字，世已司空见惯，但我以为，在上古时代，在汉文帝、贾谊的时代，其含义并非这么简单，是带有特殊意味的。

此诗所咏，典出《史记·屈原贾生列传》：

> 孝文帝方受釐，坐宣室。上因感鬼神事，而问鬼神之本。贾生因具道所以然之状。至夜半，文帝前席。既罢，曰："吾久不见贾生，自以为过之，今不及也。"

其事又见《汉书·贾谊传》，文句略同。关于"前席"之义，《汉书》颜师古注云：

> 渐迫近谊，听说其言也。

日本泷川资言《史记会注考证》引颜师古注，并增添了《史记·商君列传》的一则书证：

> 商鞅复见孝公。公与语，不自知膝之前於席也。（《史记

会注考证附校补》，上海古籍出版社 1986 年版，下册第 1535 页）

不过，仔细辨析，"前席"与"膝之前於席"实有差别：前者是使坐席向前移，其举止应是自觉的；后者是跪坐时膝盖向前移，超出了坐席，而坐席并未前移，其举止是不自觉的。在礼仪上，自觉，或不自觉，所体现的意味大不相同。

我以为，上古重"礼"，人的一举一动，多有规矩，跪坐时的位置、方向，包括身体移动，都大有讲究。

试看《战国策·齐策四》"齐宣王见颜斶章"这一段：

> 齐宣王见颜斶，曰："斶前！"斶亦曰："王前！"宣王不悦。左右曰："王，人君也；斶，人臣也；王曰'斶前'，[斶]亦曰'王前'，可乎？"斶对曰："夫斶前为慕势，王前为趋士；与使斶为趋〈慕〉势，不如使王为趋士。"王忿然作色曰："王者贵乎，士贵乎？"对曰："士贵耳，王者不贵。"……

此谓齐宣王会见颜斶，因为礼仪问题争执起来：齐王要求颜斶先向前靠近，而颜斶毫不相让，要求齐王先向前靠近。这就非常清楚地表明，作为举止的"前"，即主动靠近对方，在礼节上有自处卑下、自表谦抑的意味，故而齐王、颜斶都自重身份，不愿屈己就人，先向对方靠近。

在此，应当承认，《战国策》所载的这次会见，我们无法证

14

明其真实性，但我们可以相信，会见时所表现出来的礼仪，仍应是现实的反映。因此，作为一项有关礼仪的史料，大可放心引用。

文本未说明齐王、颜斶两人的姿势，但就情理推测，更可能是相对跪坐，而不是站立。无论如何，《战国策》所记齐宣王见颜斶的故事，正可与《史记》所记汉文帝见贾谊的场景互为印证：齐王、颜斶所争的"前"，很可能就是指"前席"，在当时系普通的日常礼节，故省略言之；反过来，汉文帝的"前席"，应与齐王、颜斶的"前"含义一致，文帝在对坐时主动靠前，在礼节上是自低身份，对贾谊表示尊敬。此即《战国策》所说的"趋士"之意，也近乎后世成语"移樽就教"的意思。——这一点，不仅写出"可怜夜半虚前席"的李商隐并不了解，甚至为《汉书》作注的颜师古也是不了解的。

关于"前"或"前庑"的礼仪意味，还可以举《战国策·齐策四》紧接"齐宣王见颜斶章"之后的"先生王斗造门而欲见齐宣王章"作为旁证：

先生王斗造门而欲见齐宣王，宣王使谒者延入。王斗曰："斗趋见王，为好势；王趋见斗，为好士。于王何如？"使者复还报。王曰："先生徐之〈入〉，寡人请从。"宣王因趋而迎之于门，与入。

虽说是王斗想会见齐王，但他到了王宫门口，却不愿再主动往里走，而暗示齐王应先到门口来迎接他。王斗的理由是"斗趋见王，为好势；王趋见斗，为好士"，这跟颜斶对齐王说的"斶前为慕势，王前为趋士"如出一辙，足以证明"前"或"前席"所代表的谦下意味。

此外，再看《孟子·公孙丑章句下》这一段：

> 孟子将朝王。王使人来曰："寡人如就见者也，有寒疾，不可以风。朝，将视朝，不识可使寡人得见乎？"对曰："不幸而有疾，不能造朝。"
>
> 明日，出吊於东郭氏。公孙丑曰："昔者辞以病，今日吊，或者不可乎？"……

这是说，孟子本是要去拜见齐王的，但齐王藉口有病，不愿来看望孟子，只是派人请孟子上门，孟子闻之，反而不愿主动前去，而推托自己也有病，拒绝去见齐王。下文孟子跟旁人解释：

> ……故将大有为之君，必有所不召之臣。欲有谋焉，则就之。

在《万章章句下》中他也有类似的表示：

> 为其多闻也，则天子不召师，而况诸侯乎？为其贤也，则吾未闻欲见贤而召之也。

16

可见，孟子认为君主对于贤者，应当主动拜访，而不是招之使来。孟子与齐王所暗斗的，是谁先主动前去拜会对方的问题；颜斶、王斗与齐王所明争的，则是谁先主动向前靠近对方的问题。二者的场合固然不同，但在礼仪性质上却是同等的，孟子、颜斶的心理也是相通的，就是不愿显得主动，不愿失了身份，否则就有"慕势"之嫌。他们所看重、所必争的，是身为"士"的荣誉。尤其颜斶、王斗都是齐人，更可见齐国士人的独立性，同时可见齐国君主对士人独立性的尊重。

春秋战国之际，旧有的封建制度解体，士人群体不复有所依附，成为变动社会中的自由流动阶级。当此之时，君主固然要挑选臣属，士人也要挑选主上，所谓"择主而仕"。其中的高明之士，更自尊自重，形成空前的独立精神，甚至可与君主分庭抗礼——而列国的君主方面，在观念乃至实践上，也不得不承认这种行为逻辑。孟子与颜斶、王斗之于齐王的应对，纵有理想化的成分，也仍是当时风气和情境的反映。

关于士人的独立精神，《礼记·儒行》一篇可能是最充分的总结，里面有云：

> 儒有上不臣天子，下不事诸侯，慎静而尚宽，强毅以与人……虽分国，如锱铢，不臣不仕。

而《战国策·齐策四》"孟尝君为从章"里，公孙弘代表孟尝君赴秦国拜会秦昭王，谈到孟尝君诸门客时有言：

义不臣乎天子，不友乎诸侯，得志不惭为人主，不得
志不肯为人臣，如此者三人。

这跟《儒行》所言略同。孟子、颜斶、王斗之所言所行，正表
现出这种"上不臣天子"、"义不臣乎天子"的精神。

再来看《战国策·秦策四·秦王欲见顿弱章》：

秦王欲见顿弱，顿弱曰："臣之义，不参拜。王能使臣
无拜即可矣，不即不见也。"秦王许之。……

这位顿弱不知何许人，但他对秦王自称为"臣"，则似是秦国的
属民；而当秦王表示要会见他时，他却要求不向秦王行跪拜礼，
否则就不见秦王。这也大有孟子、颜斶、王斗那种与君主平起
平坐的作风。

等到君主专制确立，天下归于一统，外部的社会条件既已
移易，士人阶级多不能不依附于大一统的行政系统。在此背景
之下，无论是士人自身的特立独行，抑或君主对于士人的尊礼，
都不免趋于削弱。不过西汉毕竟去古未远，风气尚存，旧式的
礼仪习惯仍有维系；汉文帝待贾谊以"前席"，正是这种礼仪传
统的体现，是先秦君主礼贤下士作风的延伸。孔子所说的"君
使臣以礼"，至少在形式上仍不绝如缕。

而汉晋以下，仍存"前席"遗风的，恐怕唯有尊师礼仪了。

北宋有所谓"经筵"制度，即为君主或皇室成员研读经史

而设的讲席，当时士大夫出于"师道"意识，对经筵礼仪方面曾有"坐讲之争"。其中有两例较为典型，一为《续资治通鉴长编》卷二〇二所载宋英宗时事：

> 初，宗室坐序爵，仍自为宾主，讲官位主席之东隅。于是睦亲宅都讲吴申不肯坐，且曰："宗室当以亲族尊卑为序，与讲官分宾主。"再移书大宗正，不能决。因内朝出申二书，上是之。宗室正讲席自申始。

这是说，吴申要求在讲课时"分宾主"，即在礼仪上与宗室成员成对等地位。一为《续资治通鉴长编拾补》卷三载吕公著、王安石联名上书宋神宗事：

> 窃寻故事，侍讲者皆赐坐。自乾兴后，讲者始立，而侍者皆坐听。臣等窃谓，侍者可赐立，而讲者当赐坐。

这是要求在为君主讲课时得到"坐讲"的礼遇（以上两例皆据姜鹏《北宋经筵与宋学的兴起》第六章第二节，上海古籍出版社 2013 年版）。

此外，这种礼仪实践的流风更远及域外。17 世纪宗奉朱熹的朝鲜理学家宋时烈，在任储君李淏（时称凤林大君，即后来的孝宗）师傅时，有这样的逸事：

旧例，王子与师傅用宾主之礼，分坐东西壁下，师傅就王子之席以教之。先生坐西壁下，不起，曰："师无往教之礼也。"大君遂就西壁座请学。(《尤庵先生事实记》,《宋子选集》,中华书局1999年版)

宋时烈不满足于与王子各分宾主，使得王子主动上前就教，他在礼仪上所求的师道尊严，更甚于吴申、吕公著和王安石，已近乎颜斶、王斗之所行了。

吴申是为皇室成员讲课，宋时烈是为王子讲课，其要求被接受了；吕公著、王安石是为皇帝讲课，其要求则不了了之。不过，他们的这些举动，都带有在形式上争取知识分子尊严的意味，仍回荡着一些颜斶、王斗见齐宣王时的那种独立精神。

后来龚自珍有《明良论二》一文，讨论士人的"知耻"问题，其中论及古代大臣上朝之礼：

坐而论道，谓之三公。唐、宋盛时，大臣讲官，不辍赐坐、赐茶之举，从容乎便殿之下，因得讲论古道，硕儒兴起。及据（一作其）季也，朝见长跪、夕见长跪之余，无此事矣。(《龚自珍全集》第一辑，上海古籍出版社1975年新一版)

此外，康有为在为清廷代拟的废除跪拜诏书中，所述更详：

朕惟古之君臣坐而论道，盖共此天位，皆以为民，不过稍示等威，非为欻严天泽。故礼：天子为三公下阶，为卿离席，为大夫兴席，为士抚席，于公卿大夫拜，皆答拜。汉制皇帝为丞相起，晋、六朝及唐君臣皆坐，惟宋乃立，元乃跪，后世从之。(《拟免拜跪诏》，《康有为遗稿：戊戌变法前后》，上海人民出版社1986年版。按：中国社会科学院近代史研究所图书馆所藏醇亲王府档案中有一份上谕，即据康文改写，兹不具引。此据茅海建《"醇亲王府档案"中的鸡零狗碎》，《依然如旧的月色：学术随笔集》，生活·读书·新知三联书店2014年版)

可见汉代的君主仍愿意屈己为礼，做点姿态，让士人多几分面子；降及唐、宋时代，君主对臣属已然是居高临下，但也还留几分客气，为臣者尚不失尊严；而元明以下，则表面上的礼节也已取消，为臣者低首屈膝，君主直以奴仆待之矣。

　　特别值得一说的，是茅海建先生在引录康有为所拟诏书时，还特别说明了其文献出处：针对《公羊传》宣公六年的一处本文，汉代何休的《春秋公羊传解诂》有注云：

　　天子为三公下阶，卿前席，大夫兴席，士式几。

所谓"卿前席"，即指天子在礼貌上要为"卿"而"前席"，是礼贤下士的意思。由此可知，何休作为东汉人，尚知"前席"一词特殊的礼仪意义，恰可以证明汉文帝"前席"的本义。

明乎此历史源流，则贾谊所受的"前席"虽属虚仪，也还是可贵的。

附记：

　　上博简有《昔者君老》一篇，其开头一段释文如下：

　　君子曰：昔者君老，大（太）子朝君，君之母俤（弟）是相。大（太）子昃聖（听），庶醨（叩），醨（叩）进。大（太）子前之母俤（弟），母俤（弟）送，退，前之，大（太）子再三，矤（然）句（后）竝聖（听）之。（《上海博物馆藏战国楚竹书》[二]，上海古籍出版社 2002 年版，第 242—243 页）

　　此处的"母弟"，应指君主的同母之弟，也就是太子的叔叔。对这段话的理解，尤其是"前之"的语义，我觉得整理者的解说并不确当，细辩其上下文，"前之"应是"使之前"的意思。按照典章制度，太子的地位自然要比宰相更尊贵，叩见君父时当身处最前列，而宰相则应次之；但太子要对作为长辈的叔叔特别表示尊重，故让担任宰相的叔叔跟他并排跪坐或站立。所谓"太子前之母弟，母弟送，退，前之，太子再三，然后竝听之"，意为太子请叔叔向前，但叔叔辞让，让太子自己向前，而太子再三恳请，最后叔叔才跟太子并列。

这一文本所见的"宦"，代表着朝见君主者的尊贵地位，跟《战国策》的"前"、《史记》的"前席"迥然不同，以其亦有关上古的礼仪问题，姑附于此。

（原刊《中国文化》2014 年春季号）

补记：

北宋王禹偁诗《读汉文纪》有两句：

> 谩道膝前席，不如衣后穿。

上句自然是用贾谊事，下句则用邓通事，意为汉文帝对贾谊徒有虚仪，但宠爱的却是邓通这样的小人。其态度跟李商隐一样是带有批判性的。

北魏孝文帝极赏识王肃，《魏书·王肃传》有云：

> 高祖嗟纳之，促宴移景，不觉坐之疲淹也。

又《北史·王肃传》亦云：

> 帝促席移景，不觉坐之疲也。

这里的"促席"，大约跟汉文帝的"前席"意义略同——也可能，干脆就是暗用了汉文帝的典故。

另，中古时代帝王尊师之礼尚存，如有复古倾向的北周时：

> 帝幸太学，谨入门，帝迎拜于门屏之间，谨答拜。……
> 谨升席，南面凭几而坐。(《资治通鉴》卷第一百六十九；详见
> 《周书·于谨传》、《北史·于谨传》)

这是说，在太学这一场合，武帝宇文邕视元老于谨为师，在礼仪上自居于下，先向于谨叩拜，然后再让于谨回礼，而于谨更坐在南向的主位上。又如唐初时：

> 以礼部尚书王珪为魏王泰师，上谓泰曰："汝事珪当如
> 事我。"泰见珪，辄先拜，珪亦以师道自居。(《资治通鉴》卷
> 第一百九十四；详见《旧唐书·王珪传》、《新唐书·王珪传》)

> 定太子见三师仪：迎于殿门外，先拜，三师答拜；每
> 门让于三师。三师坐，太子乃坐。(《资治通鉴》卷一百九
> 十七)

此时唐太宗不再如北周武帝那么屈尊了，但包括太子在内的子辈，对于身份特殊的元老仍以师礼尊之。

至明末清初之际，黄宗羲《明夷待访录》仍汲汲于此事，书中《置相》一章总结往史有云：

> 古者君之待臣也，臣拜，君必答拜。秦汉以后，废而
> 不讲，然丞相进，天子御座为起，在舆为下。……

《学校》一章更设想：

> 大学祭酒，推择当世大儒，其重与宰相等，或宰相退
> 处为之。每朔日，天子临幸太学，宰相、六卿、谏议皆从
> 之。祭酒南面讲学，天子亦就弟子之列。政有缺失，祭酒
> 直言无讳。

黄宗羲期望在"祭酒南面讲学"的场合，天子也能厕身学生的
行列，这跟北周时于谨"南面凭几而坐"的礼仪正是一贯的。

"千里莼羹，未下盐豉"的新解释

这是非常有名的典故/段子了。见于《世说新语·言语》：

> 陆机诣王武子，武子前置数斛羊酪，指以示陆曰："卿
> 江东何以敌此？"陆云："有千里莼羹，但未下盐豉耳！"

同事异文又见于《郭子》：

> 陆士衡诣王武子，武子有数斛羊酪，指以示陆机曰：
> "卿东吴何以敌此？"机曰："千里莼羹，未下盐豉。"（《太
> 平御览》卷八六一；参见《御览》卷八五八、《北堂书钞》卷一百四
> 十四。此据余嘉锡《世说新语笺疏》[修订本]，上海古籍出版社
> 1993年版，上册第89页）

又见于唐人编纂的《晋书·陆机传》：

又尝诣侍中王济，济指羊酪谓机曰："卿吴中何以敌此？"答云："千里莼羹，未下盐豉。"时人称为名对。

关于"千里莼羹，未下盐豉"的意思，称得上千古聚讼。唐人赵璘《因话录》似乎最早提出一个解释：

> 千里莼羹，未闻盐与豉相调和，非也。盖末字误书为未。末下乃地名，千里亦地名。此二处产此二物耳。其地今属平江。（参梁实秋《千里莼羹未下盐豉》,《梁实秋读书札记》，中国广播电视出版社1990年版；另见《雅舍谈吃》，中国商业出版社1993年版）

按此说法，"千里"、"未（末）下"都是地名，"千里莼羹"、"未下盐豉"就成了两种地方特产，理解起来是容易了，却毫无意味可言，又怎么能够得上《世说》"言语"的标准呢，怎么称得上"名对"呢？此说并无举证，恐怕只出于臆测，但这种将"千里"、"未下"坐实为某地（地名）的思路，却直接间接地为后世所承袭，甚至及于现当代的文史研究。

坚持认为"未下"为"末下"之误，并谓"末下"即秣陵（建康）——是说以杨勇为代表（《世说新语校笺》[修订本]，中华书局2006年版，第一册第76—77页；另见朱铸禹《世说新语汇校集注》，上海古籍出版社2002年版，第78—79页）。但其说文本证据不足，近人多不取，唯以"千里"为湖名之说，却仍是主流看法，当代几种权威注本皆如是（余嘉锡《世说新语笺疏》，第 89 页；徐震谔《世说新语校笺》，中华书局 1984 年版，上册第 48 页；龚斌《世说新语校释》，上海古籍出版社 2011 年版，上册第 170 页）。而我以为，这仍是一种呆板解释，既拘于旧说，又求之太深。

以"千里"为"千里湖"，多出于唐、宋人笔下，按诸情理，出于附会或曲解的可能性甚大。以撰著《因话录》的赵璘来说，去陆机时代也有五百多年了，又何曾有真正的证据呢？况且，"千里湖"的地点也是一笔糊涂账：《因话录》说在平江，《野客丛书》说"在建康境上"，《草堂诗笺》说为"吴石塘湖名"，《景定建康志》、《太平寰宇记》说在溧阳县（今属常州）东南，《舆地志》又说"千里莼羹"系陆机故乡华亭所产，高士奇《天禄识余》说在苏州；此外，刘辰翁还说"千里"是"乡名"（以上据余著、杨著、朱著）。这算什么呢，相互歧异的一堆地名记录，又有多少证据价值呢？

我想，对于"千里莼羹，未下盐豉"这句话，应回到本文，回到字面，从修辞角度来理解——简而言之，我以为这只是一种故作夸张的修辞方式，可以归入古人标举为"大言"的语文游戏。

如此，得先回顾一下所谓"大言"的源流史。

据我所知，专门探讨"大言"（以及相对的"小言"）问题的，或以游国恩的《宋玉大小言赋考》（《游国恩学术论文集》，中华书局 1989 年版。按：有关探讨可参钱锺书《管锥编》，中华书局 1986 年版，第三册第 866—867 页；吴广平《宋玉研究》第十六章，岳麓书社 2004 年版。另，伏俊琏《先秦时期民间争奇斗胜伎艺与客主论辩俗赋的产生》颇参据游著，而未有说明[见《俗赋研究》，中华书局 2008 年版]）为最早，而论述已相当周详。游氏以为"大言"、"小言"源自先秦，其名义始见于《庄子·齐物论》：

大言炎炎，小言詹詹。

其具体表现为修辞，则始见于《晏子春秋·外篇》：

景公问晏子曰："天下有极大乎？"晏子对曰："有。足游浮云，背凌苍天，尾倨天间，跃啄北海，颈尾咳于天地乎，然而渺渺不知六翮之所在。"公曰："天下有极细乎？"晏子对曰："有。东海有虫，巢于蟁睫，再乳再飞，而蟁不为惊。臣婴不知其名，而东海渔者命曰焦冥。"

游氏认为"大言"、"小言"作为一种俳谐文体，盛行于魏晋六朝之际，而论其渊源，则有三大因素：一为道家的寓言，以《庄子》为最，乃至贾谊《鵩鸟赋》、刘伶《酒德颂》之类；一为辞赋的铺陈风恪，从战国楚辞以至汉晋赋体，包括贾谊、司马相如、木华的作品；一为文人的夸张修辞，由作为儒家经典的《尚书》至《山海经》、《淮南子》乃至正史，皆不罕见。

我以为，第三种因素所涉太泛，可置不论，但前两种因素都是确实且重要的。

"大言"式的描述，或以《庄子》所见最多，如《外物》：

> 任公子为大钩巨缁，五十犗以为饵，蹲乎会稽，投竿东海，旦旦而钓，期年不得鱼。已而大鱼食之，牵巨钩，馅没而下骛，扬而奋鬐，白波若山，海水震荡，声侔鬼神，惮赫千里。

如《说剑》：

> 天子之剑，以燕谿石城为锋，齐岱为锷，晋卫为脊，周宋为镡，韩魏为夹，包以四夷，裹以四时，绕以渤海，带以常山，制以五行，论以刑德，开以阴阳，持以春夏，行以秋冬。此剑直之无前，举之无上，案之无下，运之无旁，上决浮云，下绝地纪。此剑一用，匡诸侯，天下服矣。

又如《离骚》：

> 朝发轫于苍梧兮，夕余至乎县圃。……饮余马于咸池兮，总余辔乎扶桑。折若木以拂日兮，聊逍遥以相羊。前望舒使先驱兮，后飞廉使奔属。鸾皇为余先戒兮，雷师告余以未具。吾令凤鸟飞腾兮，继之以日夜。飘风屯其相离

兮，帅云霓而来御。

又如司马相如的《大人赋》：

    遍览八紘而观四海兮，揭渡九江越五河。经营炎火而浮弱水兮，杭绝浮渚涉流沙。奄息葱极氾滥水娱兮，使灵娲鼓琴而舞冯夷。时若曖曖将混浊兮，召屏翳，诛风伯，刑雨师。西望昆仑之轧沕荒忽兮，直径驰乎三危。排阊阖而入帝宫兮，载玉女而与之归。登阆风而遥集兮，亢乌腾而壹止。（兹篇异文绞多，此据费振刚、胡双宝、宗明华辑校《全汉赋》，北京大学出版社 1993 年版，第 92 页）

要特别重视的，当然还有游氏作为论述主题的《大言赋》：

    楚襄王与唐勒、景差、宋玉游于阳云之台。王曰："能为寡人大言者上座。"王因啼曰："操是太阿剥一世，流血冲天，车不可以厉。"至唐勒，曰："壮士愤兮绝天维，北斗戾兮太山夷。"至景差，曰："校士猛毅皋陶嘻，大笑至兮摧罘罳。锯牙裾云狶甚大，吐舌万里唾一世。"至宋玉，曰："方地为车，圆天为盖，长剑耿介，倚乎天外。"三曰："未可也。"玉曰："并吞四夷，饮枯河海。跨越九州，无所容止。身大四塞，愁不可长。据地盼天，迫不得仰。若此之大也，何如？"王曰善。（原文见唐余知古编《渚宫旧事》、《古文苑》，

31

后者有脱文。此据杨炳校《渚宫旧事校释》，武汉出版社1992年版，第183—184页；另参吴广平编注《宋玉集》，岳麓书社2001年版）

对于此《大言赋》，有一则旁证材料。唐人托名隋侯白编撰的《启颜录》有云：

> 汉武帝置酒，命群臣为大言，小者饮酒。公孙丞相曰："臣弘骄而猛，又刚毅，交牙出吻，声又大，号呼万里嗷一代。"余四公不能对。东方朔请代大对，一曰："臣坐不得起仰，迫于天地之间，愁不得长。"二曰："臣跋越九州，间不容趾，并吞天下，欲枯四海。"三曰："欲为大衣，恐不得起。用天为表，用地为里。"四曰："天下不足以受臣坐，四海不足以受臣唾。臣噎不缘食，出居天地外。"上曰："大哉！弘言最小，当饮。"（原文见宋曾慥《类说》、《永乐大典》，前者有脱文。此线索最早似由钱锺书拈出，见《管锥编》第三册第866页；此据伏俊琏《汉魏六朝的客主论辩欲赋》引《永乐大典》，见《俗赋研究》。另有异文，参吴广平《宋玉研究》，第90页、266页；董志翘《启颜录笺注》，中华书局2014年版，第185页）

无论整体情节，抑或具体文辞，《启颜录》此文本显然受到了《大言赋》的影响。而由《大言赋》"能为寡人大言者上座"、《启颜录》"命群臣为大言"这两句，足证"大言"已成为一种通行的语言游戏形式了。

《大言赋》旧题宋玉撰，现代学人多疑之，如游国恩就认为"以辞赋为俳谐者，莫先于汉人"，此当为"晋宋间人所造，而后人误指为宋玉之所作耳"；但当代学人则多转为"信古"，认定系宋玉之作（参吴广平《宋玉研究》，第90—103页）。我觉得，就《大言赋》著录于文献的年代而言，确实出现得太晚；况且，梁简文帝萧纲《答湘东王书》还说过一句"宦、景荐大言之赋"，将《大言赋》的著作权归于唐勒、景差呢。总之，无论是疑是信，皆缺乏决定性的文献证据，与其强辩，不若存疑。而就我在此探讨的主题来说，《大言赋》的作者及写作年代问题，并不重要，故不妨搁置；我们只需要知道，《大言赋》表现了战国以下的一种文字游戏的风气，就已够了。

"大言"、"小言"不仅表现为游宴场合中的语言游戏，甚至还定型为一种韵语体裁。游著已指出，南朝梁萧统（昭明太子）有诗《大言》、《细言》；而沈约、王锡、王规、张缵、殷钧诸人皆有应令之作。如王锡《大言》云：

> 欲游五岳，迫不得申。杖千里之木，脍横海之鳞。

王规《大言》云：

> 俛身望日入，下视见星罗。嘘八风而为气，吹四海而扬波。

33

游著举例甚繁，以上只是举其要者。而尽管如此，仍不乏可补充的例子，比如崇尚庄子的阮籍，其诗文就颇多"大言"风格者。游著引录了刘伶的《酒德颂》：

> 有大人先生，以天地为一朝，万期为须臾，日月为扃牖，八荒为庭衢。行无辙迹，居无室庐，幕天席地，纵意所如。

而我们试看阮籍的《大人先生传》：

> 大人先生，盖老人也。不知姓字。……以万里为一步，以千岁为一朝，行不赴而居不处，求乎大道而无所寓。

在用意上，甚至用语上，二者不是很相似吗？阮籍、刘伶同列于"竹林七贤"，阮氏年岁还稍长些，他们对"大人先生"的描画，上承司马相如的"大人"，可视为这一名士小集团共同的想象与构思。又如阮籍最著名的《咏怀》，第三十八首有云：

> 炎光延万里，洪川荡湍濑。弯弓挂扶桑，长剑倚天外。泰山成砥砺，黄河为裳带。

又第五十八首有云：

危冠切浮云，长剑出天处。细故何足虑，高度跨一世。

都是很显眼之例，而且跟《大言赋》的"长剑耿介，倚乎天外"也是有一以贯之的修辞。

由此，我们已可大体了解"大言"作为文体的风格特征——借用古希腊人的说法，就是"小物说似大，大物说似小"（据《管锥编》引，第三册第867页）；再回过头来看那句"有千里莼羹，但未下盐豉耳"，也就不难理解了。其意思无非是：我们江东有千百里那么大一碗莼菜汤，只是还没下调料而已！说穿了就不足奇，陆机不过是运用了"大言"式的夸张修辞。

更值得注意的是，"大言"式的语言风格，亦见于《世说》的其他文本。如《言语》篇有另一则：

> 顾长康拜桓宣武墓，作诗云："山崩溟海竭，鱼鸟将何依。"人问之曰："卿凭重桓乃尔，哭之状其可见乎？"顾曰："鼻如广莫长风，眼如悬河决溜。"或曰："声如震雷破山，泪如倾河注海。"（按：游著已列举此条）

又如《任诞》篇有一则：

> 有人讥周仆射与亲友言戏秽杂无检节，周曰："吾若万里长江，何能不千里一曲。"

35

这两则虽可归为比喻，但也有"大言"的夸张特色。《任诞》篇还有著名的一则：

> 刘伶恒纵酒放达，或脱衣裸形在屋中，人见讥之。伶曰："我以天地为栋宇，屋室为裈衣，诸君何为入我裈中？"（按：游著已列举此条。另，据刘孝标注引邓粲《晋纪》，刘伶之语又作："吾以天地为宅舍，以屋宇为裈衣，诸君自不当入我裈中，又何恶乎？"）

刘伶的话，与其《酒德颂》及阮籍《大人先生传》自然也是相呼应的。

又如《排调》篇一则：

> 王丞相枕周伯仁膝，指其腹曰："卿此中何所有？"答曰："此中空洞无物，然容卿辈数百人。"

对于此，我们已习惯了后世"肚大能容"的成语，或许不觉得有何新鲜，但论其修辞的特征，不也是一种"大言"吗？

由此可知，陆机的"大言"在《世说》中并非孤例，这样，对于"莼羹盐豉"之辞就更容易理解了。

游国恩谓"魏、晋以来，崇尚清谈，士流相接，往往务为隽上谐谑之言以资笑乐"，而故作"大言"、"小言"，当即属于"谐谑之言"的一种。那么，陆机夸张地将千里无际的江南水乡说成一碗莼菜汤，正是体现了魏晋时代的精神气候呢。

关于"千里莼羹，未下盐豉"的所指，宋人黄朝英曾有驳论：

> 或以谓千里者，言其地之广，是盖不思之甚也。如以千里为地之广，则当云莼菜，不当云羹也。……盖洛中去吴有千里之远，吴口莼羹自可敌羊酪。第以其远未可卒致，故云但未下盐豉耳。意谓莼羹得盐豉尤美也。(《缃素杂记》三，此据余嘉锡《世说新语笺疏》，上册第88页)

他将"千里莼羹"理解为离此地（洛阳）一千里的莼菜汤，未免迂曲，亦不合语文规范，可以不论；他因此否定认为"千里"表示地方广阔之说，则是以不误为误了。至于他说"如以千里为地之广，则当云莼菜，不当云羹也"，这一论辩，表面看似有道理，却是由于他未意识到陆机是故作"大言"；我们现在从"大言"的角度来看，恰恰要作"莼羹"而非"莼菜"，才成其为"大言"，才能使表面上的没道理变得有道理。而且，也只有作"莼羹"，只有将千百里的莼菜说成是莼菜汤，才能跟下面那句"但未下盐豉"意思连贯呀；否则，千百里的生莼菜，下什么盐豉呢？

不过，"当云莼菜，不当云羹"这个话头，对我的立论倒是有"利用价值"的。开头已说到，至今的主流见解，仍认为"千里"是地名，是湖泊名，这就意味着"千里莼羹"是一种土特产了——可是，照情理说，这种土特产"当云莼菜，不当云羹也"，应当叫作"千里莼菜"，没理由叫"千里莼羹"吧！也就是说，既云"莼羹"，则"千里"就不应是地名了。

此外，还有一点需要考虑，"莼羹盐豉"逸事中的王济王叔子，是晋阳（今太原）人，他与陆机的一问一答，在戏谑之中，也包含了南北文化对抗的意味。而王济对羊酪的酷爱，代表了当时北方人的风俗，或许受到了胡族饮食风尚的影响。

在言语上、在文学上，当时北方族群虽与南方各有渊源，但也未尝没有与"大言"相类的风格。如著名的《敕勒歌》：

> 敕勒川，阴山下。天似穹庐，笼盖四野。天苍苍，野茫茫，风吹草低见牛羊。

这里的"天似穹庐，笼盖四野"，跟刘伶的"以天地为栋宇，屋室为裈衣"，不也大同小异吗？《敕勒歌》本系鲜卑歌谣，因北齐神武帝高欢而闻名，此时去陆机时代已有三百年；但我们有理由相信，北方胡族的此类歌谣及其风格，当可追溯到更古老的时代，只是未见诸汉文字的记录而已。

蒙古英雄史诗《江格尔》也有极夸张的修辞风格。比如，其于江格尔的坐骑枣红马如此形容：

> 蹄子能刨破岩石，牙齿能啃烂松树，长着簇毛的四蹄，能踏碎大地寰宇。长长的额毛鬃毛，碰着了太阳和月亮，

飞奔时四蹄刨地，留下骆驼大的蹄痕。它风驰电掣之处，上方的七个天直晃悠，它逐日追风之时，下方的七个地直颤抖。它擦着树梢一掠而过，它贴着天穹一闪而过，三十八座高山挡路，它从顶端一跃而过。（原载《江格尔资料》[2]；此据贾木查《史诗〈江格尔〉探渊》引，新疆人民出版社1996年版，第185—186页）

史诗文本的定型及记录虽然较晚，但其表现风格却很可能是承自古昔时代的，故亦不无旁证的价值。

从此背景看，陆机的应对，固然是承续汉文化的"大言"传统，但有可能，同时也是有意呼应北方族群那种"天似穹庐"式的话语风格。这样一来，不论南人或北人，都会对陆机的辞令感到会心，感到亲切，此其所以为"名对"，所以为《世说》时代之"神回复"欤？

我对"千里莼羹，未下盐豉"问题的辨析，到此为止。最后，还想附带谈一下后世文学史上的"大言"之例。

可以想象，在中古以下的文学中，尤其是诗词中，修辞手法愈为繁复，"大言"式的修辞是极为普遍的，尤其在那些想象力丰富者的笔下。论者曾指出，唐人如雍裕之、权德舆、谭诮等皆有以"大言"为题的作品（吴广平《宋玉研究》，第270—273页）；不仅如此，未以"大言"为题而实际上运用了"大言"手法者就更多了。试看李白的《梦游天姥吟留别》：

我欲因之梦吴越，一夜飞渡镜湖月。湖月照我影，送我至剡溪。谢公宿处今尚在，渌水荡漾清猿啼。脚著谢公屐，身登青云梯。半壁见海日，空中闻天鸡……霓为衣兮风为马，云之君兮纷纷而来下。虎鼓瑟兮鸾回车，仙之人兮列如麻。

再看苏轼的《水调歌头·丙辰中秋欢饮达旦，大醉，作此篇。兼怀子由》：

　　我欲乘风归去，又恐琼楼玉宇，高处不胜寒。起舞弄清影，何似在人间？

这些我们耳熟能详之句，不都属于"大言"的文学传统吗？

　　此类例子尚多，举不胜举，在此只想讨论一个自觉有点心得的个案。李贺《梦天》末两句云：

　　遥望齐州九点烟，一泓海水杯中泻。

这也是大家熟知的名句，也应归入"大言"的修辞范畴。也因为是大家熟知的，自来诠释者似都忽略了，或是回避了，为什么以"九点烟"来比喻"九州"呢？仅仅以"烟"来比喻"州"，又有什么高明的呢？

　　我以为，"九点烟"之喻，应是依托了一种具体的物事，即九枝灯。此物古已有之，其形制为一座分出九枝，各擎举九个灯盏或烛台，为豪华灯具的代表；古人诗中多见，如李商隐诗即屡见，其《楚宫》"不碍九枝灯"、《和韩录事送宫人入道》"九枝灯下朝金殿"、《行至金牛驿》"九枝灯檠夜珠圆"、《一片》"一片非烟隔九枝"皆是，而李贺本人的诗《夜来乐》"华灯九枝悬鲤鱼"亦咏之（详见黄世中《类纂李商隐诗笺注疏解》，黄山书社 2009 年版，第五册第 3355 页）。李贺这两句诗实际上是将天下之大，看作一室之狭——将九州比拟为九枝灯燃烧的轻烟，将东海（或渤海）比拟为一杯水或一杯酒。

说起来，"一泓海水杯中泻"是将大海比作一杯饮品，"千里莼羹，未下盐豉"是将千里江南比作一碗汤，二者作为"大言"的逻辑正是异曲同工的呢。

（原刊《中国文化》2015 年秋季号）

补记：

《左传》昭公十二年述晋昭公宴请齐景公事云：

> 投壶，晋侯先。穆子（按：晋国荀吴）曰："有酒如淮，有肉如坻。寡君中此，为诸侯师。"中之。齐侯举矢曰："有酒如渑，有肉如陵。寡人中此，与君代兴。"亦中之。

这里的"淮"、"渑"都是河名,"坻"、"陵"都指小山,以山河比拟酒肉,可谓"大言"修辞的早期例子。

李白诗《襄阳歌》:

> 遥看汉水鸭头绿,恰似葡萄初酦醅。此江若变作春酒,垒曲便筑糟邱台。

视江河为酒,已先得"一泓海水杯中泻"之意。又苏轼诗《次前韵寄子由》:

> 胡为适南海,复驾垂天雄。下视九万里,浩浩皆积风。回望古合州,属此琉璃钟。

则又是模仿了"一泓海水怀中泻"的故智了。

"翡翠"及"翠羽"、"翠毛"问题
——天堂鸟输入中国臆考

　　我曾写过一篇半随笔、半考据的文章《没有脚的鸟》(《南方都市报》2012 年 10 月 14 日)，讨论王家卫电影《阿飞正传》里所说的无足之鸟，其实有其原型，即东南亚的无脚天堂鸟 (Paradisea apodal)，并拈出中国文献中关于这种无脚天堂鸟的记录。

　　天堂鸟 (Birds of Paradise)，又名极乐鸟、风鸟，属雀形目风鸟科，分布于东南亚、大洋洲，被公认为世界上最华丽的观赏鸟类，其羽毛久为人所艳称。因而我当然就想到一个问题：在古时候，天堂鸟的标本或羽毛是否曾流入中国呢？就情理来说，答案应是肯定的；问题在于，一鸟之微，一毛之轻，信奉"文章千古事"者，恐怕难得将之形诸文字吧。

　　后来涉猎所及，偶有触发，我有了一个"大胆假设"。今排比史料，比较正式地续作考证，尝试解决这个小小的名物问题。

　　19 世纪中叶，近代英国博物学家华莱士在马来群岛——他称之为"红毛猩猩与天堂鸟之地"——居留了八年，其最重要的学术目标之一，就是搜集和研究天堂鸟。其名著《马来群岛自然科学考察记》第三十一章对天堂鸟流入中国有所记录，虽仅片断，但极为重要，我在《没有脚的鸟》一文中已有引录，兹再引述如下：

> ……我问他们是否知道阿鲁（按：阿鲁群岛）的贸易何时开始兴起，布吉斯、望加锡和中国人何时开始从他们的帆船购买海参、龟壳、鸟巢（按：即燕窝）及天堂鸟。他们明白我的意思后，回答说自从他们的父辈能够回忆起的久远年代开始，这样的贸易就已经不断地在进行了……（《马来群岛自然科学考察记》，彭珍、袁伟亮等译，中国人民大学出版社2004年版，第404页。按：末尾两句又译作"……只是说他们的父辈和他们一样认为，这样的贸易自古以来就有"[《马来群岛自然科学考察记》，张庆来等译，中国青年出版社2013年版，第343页]；又作"……他们只说从他们或他们父执辈开始就有这回事了"。[《马来群岛自然考察记》，金恒镳、王益真译，上海文艺出版社2013年版，下册第197页]）

此外，偶见布拉文著《荷属东印度见闻杂记》一书，其第十三章是关于天堂鸟买卖的专门记录，多处谈到前去南洋搜购天堂鸟羽毛的中国商人，有一段说：

> 这凤鸟的利润空间散于何处，我们实在不容易推测。

因为收买凤鸟的中国人并不向土人用钱买货，乃是以货易货，并且不论卖者要求什么，他们都照自定的价格收买，所得利润总是原价的二三倍或且四五倍。他们在给尔贲克湾做这种买卖已有几百年；因为荷兰东印度公司的经理人和探险家曾于 17 世纪初期在新基尼北岸发觉了一个中国商人。他们和婆罗洲发生关系大约已有几千年，在婆罗洲北部侨居也有几百年；因为中国不但需要海参和燕窝以充肴馔，而且需要鲜艳的羽毛以饰官服；至于凤鸟的羽毛则在欧洲人没有知道以前大约至少已在中国销售一千年。……

（吕金录译，商务印书馆 1931 年版，第 150—151 页）

此书著者不知何许人，观其内容，应撰写于 1914 年以前，与华莱士考察马来群岛的年代相去不远。

比较华莱士、布拉文两人的记录，虽则一来自马来群岛，一来自印尼（荷属东印度），但他们不约而同地相信，中国人在东南亚收购天堂鸟羽毛是古已有之的。他们的记述立出于当地土著的传闻，也可能融入了个人推测的成分，不宜直接作为证据，但却相当合乎情理，很值得重视。土著固然是缺乏历史意识的，但我们不难想象，作为一种珍奇之物，天堂鸟羽毛应当很早即被"发现"，被"生产"，被"出口"；而在欧洲人东来以前，对天堂鸟羽毛这种奢侈品最有消费需求的周边地区，当然要数中国、印度，尤其是中国。

研治中国历史文化问题，一般学人自然多喜好"宏大叙事"

性质的课题，对于鸟类羽毛此类琐细的名物问题，难得有钻牛角尖者。而美国已故汉学家薛爱华（又译谢弗）继承了其前辈劳费尔的学风，堪称例外——他在《撒马尔罕的金桃》一书中，已专门讨论过羽毛及孔雀尾的话题，但未涉及贸易方面（见《唐代的外来文明》，吴玉贵译，中国社会科学出版社 1995 年版，第 246—248 页）；在近期引进的《朱雀：唐代的南方意象》一书中，则更进一步，讨论了所谓"翠羽贸易"问题（程章灿、叶蕾蕾译，生活·读书·新知三联书店 2014 年版，第 479—481 页）。薛爱华将"翠羽贸易"追溯到了周代，但他研究的重点自然还是唐代，主要列举了三首唐诗作为例证：

> 户多输翠羽。（韩愈《送桂州严大夫》。方世举注云：《汉书·南粤传》："尉佗因使者献翠鸟千，生翠四十双。"[据钱仲联《韩昌黎诗系年集释》，上海古籍出版社 1984 年版，下册第 1243 页]）

> 海虚争翡翠。（许浑《岁暮自广江至新兴往复中题峡山寺四首》之四。原注云："南方呼市为虚……新州有翡翠虚。"）

> 海外人收翡翠毛。（周繇《送杨环校书归广南》。按：《唐六典》及《太平寰宇记》、《元丰九域记》所载的南方贡物，皆有"翡翠毛"。[据章鸿钊《石雅》，上海古籍出版社 1993 年版，第 128—129 页]）

还可补充更为有名的一例：

越裳翡翠无消息，南海明珠久寂寥。(杜甫《诸将五首》
之四。杨伦注云：越裳地近交趾。《后汉贾琮传》："交趾土多珍产，
明玑、翠羽、瑇瑁、异香、美木之属。"[据《杜诗镜铨》])

这些诗中描述的，明显是当时岭南（两广）地区收购或贡纳鸟
类羽毛的情形。由许浑的自注可知，新州地区甚至还有专门的
"翡翠虚"，足以证明"翠羽贸易"的繁盛；而杜甫说"翡翠无
消息"，即贸易中断，则当与"安史之乱"以后的形势有关。

关于这里的"翡翠"或"翠羽"、"翡翠毛"之类，薛爱华
认为是一般的翠鸟，即翡翠科（Alcedinidae）的鸟类。翡翠科
的鸟类也产于温带地区，但更盛产于热带地区，尤其东南亚一
带（参周镇《鸟与史料》"翡翠"条，1990 年版，第 143 页），
故薛爱华的解释看起来并无问题。可是，因为我存了有关天堂
鸟的问题意识，就不疑处有疑，产生了合理想象：翡翠科的鸟
类也以毛色多彩著称，"翡翠"本指其物，但是否可能引申词
义，用以泛指毛色斑斓的鸟类呢？"翠羽"、"翡翠毛"是否可
能泛指彩色鸟羽，是否包括了最艳丽的天堂鸟羽毛呢？事实上，
新州"翡翠虚"的存在，就是一个疑点。如果"翡翠"只是单
纯指一般的翡翠鸟，那么"翡翠虚"就是专门交易翡翠鸟毛的
市集了，这是难以想象的；我们完全可以合理地推断，"翡翠虚"
应当是交易各色鸟类羽毛的市集，不可能只限于翡翠鸟毛。

让我们再来考察唐代以后的记录。

在宋元以来关于岭南及海外（南海）地区的文献中，"翡

翠"及其"翠羽"或"翠毛"是相当常见的物产。南宋周去非《岭外代答》卷九翡翠条云：

> 翡翠，产于深广山泽间，穴巢于水次。一壑之水，止一雌雄，外有一焉，必争界而死斗。……邕州右江产一等翡翠，其背毛悉是翠茸，穷侈者用以撚织。

后来赵汝适《诸蕃志》卷下翠毛条又有云：

> 翠毛，真腊最多，产于深山泽间，巢于水次。一壑之水，止一雌雄，外有一焉，必出而死斗。……邕州右江亦产一种茸翠，其背毛悉是翠茸，穷侈者多以撚织，如毛段然。比年官司虽厉禁，贵人家服用不废，故番商冒法贩鬻，多置布襦裤中。（参冯承钧《诸蕃志校注》，商务印书馆 1940 年版，第 141 页；韩振华《诸蕃志注补》，香港大学亚洲研究中心 2000 年版，第 433—434 页。按：同书卷上真腊国条另有"翠毛［此国最多］"的记录，可参证。）

赵汝适所记，明显沿袭了周去非的文字，只是更加具体，并特别指明是真腊国。从他们的记录，看不出这种"翡翠"是属于翡翠科，还是风鸟科；不过，元代周达观《真腊风土记》飞鸟条有一句话却值得特别留意：

禽有孔雀、翡翠、鹦鹉，乃中国所无。

对此，夏鼐在注释里提出了疑惑：

　　孔雀、鹦鹉，今日我国境内西南边区近热带处亦有野
生者，但当时周达观或无所知。但翡翠在我国东部及南部
乃常见之鸟，周氏家乡温州一带即有之，却谓"中国所
无"，不知何故。（《真腊风土记校注》，中华书局 2000 年版，第
153 页）

这样，我以为就有理由怀疑，真腊出产的这种"翡翠"，未必即
指一般的翡翠鸟，或者说，不仅指一般的翡翠鸟，也包括了中
国内陆所无的天堂鸟。——联系到《马来群岛自然科学考察记》、
《荷属东印度见闻杂记》关于天堂鸟羽毛自古以来就通过贸易传
入中国的传说，尤其是后者所谓"凤鸟的羽毛则在欧洲人没有
知道以前大约至少已在中国销售一千年"的说法，这种可能性
是不能低估的。

　　关于"翡翠"产自真腊（今柬埔寨）的问题，还需要另外
说明一下。近代以来，天堂鸟主要分布于更南部的地区，尤其
是摩鹿加群岛、新几内亚、澳大利亚（参周镇《鸟与史料》"天
堂鸟"条，第 88 页）；不过，在未"开化"的宋元时代，生态
较佳，捕猎未尽，中南半岛一带也未必没有吧。还有一种更大
的可能性：周去非、赵汝适、周达观所言，就情理推测，亦不

过来自间接的信息源，并不能确证"翡翠"、"翠毛"即产自真腊本地；盖"翡翠"、"翠毛"此类物品之输入内地，多通过辗转贸易的方式，常人乃至商人都只是道听途说，未必知悉其真正产地。试举一例，清人李调元《南越笔记》卷八"翠羽"条有云：

> 翠羽点妇人首饰，色最鲜明，俗称广翠。（参韩振华《诸
> 蕃志注补》，第434页）

可见北方人因"翠羽"购自岭南，就以为其物产于岭南，故称为"广翠"；同样道理，岭南人也可能因"翡翠"、"翠毛"购自真腊，就以为其物原产于真腊。但实际上，恐怕真腊也只是"翡翠"、"翠毛"的贸易中转站罢了。（番薯原产美洲，据考其在东亚的传播路线大抵是：吕宋［今菲律宾］→中国福建→琉球［今冲绳］→萨摩［今日本鹿儿岛］→日本本土，故中国称之为"番薯"，琉球、萨摩称之为"唐芋"，而日本本土却称为"萨摩芋"。古人相信"翡翠"多产自真腊，可能也跟琉球人和萨摩人将番薯称为"唐芋"、一般日本人将番薯称为"萨摩芋"一样，只是源于当初不知来历时的想当然耳。）

还有一个现象似值得注意：关于这一物产的记录，早期文献如东汉杨孚《异物志》、南宋范成大《桂海虞衡志》，以及上文所引的《岭外代答》、《诸蕃志》、《真腊风土记》，都是记作"翡翠"；而自《岛夷志略》以下，包括明代马欢《瀛涯胜览》、

费信《星槎胜览》，清代谢清高《海录》，则都记作"翠羽"或"翠毛"。这是否仅仅是字词使用习惯的差别呢？据悉，为了使羽毛保持最佳状态，土著习惯在捕获天堂鸟之后立即杀死它，主要只保留皮毛部分，并作特殊处理（参《马来群岛自然科学考察记》，第483—484页）；因此，即便是专职收购天堂鸟羽毛的商人，也无法见到活的天堂鸟。在华莱士长期深入天堂鸟产地以前，欧洲人根本没见过天堂鸟的真身，华莱士因而谈道：

> ……这些天堂鸟现在在马来群岛一概被称为"部郎马替"（Burong mati），就是"死鸟"，表明马来西亚商人从未见过活着的天堂鸟。（《马来群岛自然科学考察记》，第482页）

考虑到土著处理天堂鸟的这一习惯，宋元以来文献所见的"翠羽"、"翠毛"，就更有可能指天堂鸟的羽毛了。

如此，我们再回过头来，细看前文所引唐代周繇的诗"海外人收翡翠毛"，所谓"翡翠毛"，不也很可能指"部郎马替"的羽毛吗？

从词汇史的角度来看，"翡翠"的语义变迁大约是：最早指翡翠科的鸟类，由于翡翠鸟以绿色为多，后来又借指绿色的玉石（参章鸿钊《石雅》、《宝石说》，上海古籍出版社1993年版，第128—129页、462—463页）；另一方面，当凤鸟科的鸟类输入域内，国人无以名之，以其毛色近于翡翠鸟，遂假借翡翠鸟的旧名称之。也就是说，"翡翠"成了一个泛称，指代那此羽毛艳丽的鸟类。盖古人所重在于羽毛，不在物类，故不妨囫囵应付了事。这种词汇史上的鸠巢雀占和一鸡多吃现象并不孤立，比如：中国古籍中的"郁金"，在上古本指一种香草，以后却借指从西域传来的多种植物，名实之间混乱不堪（参［美］劳费尔《中国伊朗编》，林筠因译，商务印书馆1964年版，第133—149页；［美］谢弗《唐代的外来文明》，吴玉贵译，中国社会科学出版社1995年版，第274—277页）；又如"酪"，原指水果制成的酒，后来引申指谷物或乳制成的饮品，唐代以后更几乎成了发酵乳制品的专名（参黄兴宗《中国科学技术史》第六卷第五分册《发酵与食品科学》，科学出版社、上海古籍出版社2008年版，第205页）；早期的"甘薯"、"薯蓣"，原指中国本土所产的薯蓣属的植物，后来却泛指明代传入的番薯（参夏鼐《略谈番薯和薯蓣》，《夏鼐文集》中册，社会科学文献出版社2000年版；梁家勉、戚经文《番薯引种考》，《梁家勉农史文集》，中国农业出版社2002年版；陈学文《万历间侨商陈振龙引种蕃薯入闽考》，《明清社会经济史研究》，台北稻乡出版社1991年版）。这几个都是很典型的例子，则"翡翠"若借指天堂鸟，并不足为奇。

综上，我猜想：唐宋以来从南洋输入内地的"翡翠"及其"翠羽"、"翠毛"，其实际所指，不仅包括翡翠鸟，也包括天堂鸟。如果此说可以成立，那么，借用薛爱华的术语，这种"翠羽贸易"是否可以追溯到更为古远的时代呢？我以为也是可以的。

现在我们再查考更早期的文献。

《周易》渐卦上九有云：

    鸿渐于阿，其羽可用为仪。

仅此一句，已足见上古时将鸟类羽毛用于仪典，其功用是很堂皇的（关于这一点，可参《太平御览》卷七六六"羽毛"条）。再看《尚书·禹贡》荆州部分：

    厥贡羽毛齿革……（按：《左传》载晋国重耳在流亡时对楚王有言："羽毛齿革，则君地生焉。"正与《禹贡》可相印证［参尹世积《禹贡集解》，商务印书馆 1941 年版，第 29 页］）

《禹贡》所述南方进贡的羽毛，难以知道属于何种鸟类，姑且不论。但试看《逸周书·王会解》，则赫然有云：

    仓吾翡翠。翡翠者，所以取羽。（按：《艺文类聚》卷九十二、《太平御览》卷九二四皆引《周书》："成王时，苍梧献翡翠。"与此正可相证。）

下文又云：

    伊尹受命，于是为四方令曰："臣请……正南瓯、邓、

桂国，损子、产里、百濮、九菌，请令以珠玑、玳瑁、象
齿、文犀、翠羽、菌鹤、短狗为献。……"

此处所述的"翡翠"、"翠羽"，性质与《禹贡》的"羽毛"一
般，都是南方向中原王朝进贡的珍物。上一段的"仓吾"，亦即
"苍梧"，指今广西一带（参黄怀信、张懋镕、田旭东《逸周书
汇校集注》，上海古籍出版社 1995 年版，第 956—957 页）；而
此地的"翡翠"，恐怕是指翡翠科的鸟类。但后一段的"翠羽"，
是不是有可能指天堂鸟羽毛呢？因为"翡翠"若是活物，则产
自本地或邻近地方的可能性较大；而"翠羽"作为皮毛，却完
全可能通过间接贸易从远方得来。不论如何，从《王会解》，到
唐诗，到宋元明清的笔记，"翠羽"的记录应当是一贯的，而
"翠羽贸易"的存在也应当是一贯的。

《王会解》的撰作年代不易判断，但整部《逸周书》似形成
于战国时期（参王连龙《〈逸周书〉研究》，社会科学文献出版
社 2010 年版，第 22—24 页）；那么，《王会解》关于"翠羽"
的文字，就有可能是天堂鸟羽毛输入中国的最早记录——尽管
只能视为疑似记录。

此外，《艺文类聚》卷九十二、《太平御览》卷九二四、《古
今图书集成》第二十八卷《博物汇编禽虫典》第四十六卷，都
有"翡翠"的条目，罗列了不少文献记录（近人对"翡翠"记
载的综述，似以贾祖璋《鸟与文学》[上海古籍出版社 2001 年
版]"翡翠"一章最详，其主要依凭即《古今图书集成》）。其中

较值得注意者如：

薛综上疏曰："日南远致翡翠，充备宝玩。"（《吴录》）

翠雀縻鸟，越在南海。羽不供用，肉不足宰。怀璧其罪，贾害以采。（郭璞《翡翠赞》。此据《古今图书集成》引）

彼二鸟之奇丽，生金洲与炎山。……终绝命于虞人，充南琛于秘府。备宝帐之光仪，登美女之丽饰。（江淹《翡翠赋》。此据《古今图书集成》引）

翡翠巢南海，雄雌珠树林。何如美人意，骄爱比黄金。杀身炎洲里，委羽玉堂阴。旖旎光首饰，葳蕤烂锦衾。岂不在遐远，虞罗忽见寻。多材信为累，叹惜此珍禽。（陈子昂《感遇诗》）

晚唐罗隐《谗书》卷第四《悲二羽》有言：

舞镜之禽，堕洲之翠，南方之所珍也。而工簪珥者以为容，虽犀象之远，金玉之贵，必以间之。及举宫而饰，倾都而市，金玉犀象之不暇给，而二羽之用，曾不铢两焉。

这里的"堕洲之翠"，当即"翡翠"；既曰"堕洲"，可知并非活物，仍指"翠羽"而言。而由"举宫而饰，倾都而市"，又可知当时对"翠羽"的消费需求之盛了。

这些诗文中的"翡翠"，都来自遥远的南方，后面三篇或强调其亡于猎人，或强调其亡于商人，似乎表明输入内地的只是鸟的羽毛。那么，这里的"翡翠"，也有可能指天堂鸟了。

最后，我还有另一个"大胆假设"。

清代官制，有一项"顶戴花翎"（有部电影中就有"顶戴花翎担保"的话），据掌故家完颜佐贤介绍：

清制花翎（孔雀翎）以眼（孔雀羽毛目晕）为贵，亲郡王赏戴三眼花翎。当时花翎不赏不能戴。在清初时，贵极一、二品大员，无大功不赏花翎。臣不以公侯伯子男爵为贵，而以赏戴花翎为荣。有军功及保卫大功始能赏戴花翎。（《康乾遗俗轶事饰物考》"孔雀翎"条，内蒙古大学出版社1990年版）

而清末陆心源所述应该更为准确：

翎顶，我朝定制也，而不知前明已为之兆。敬案《会典》：贝子、固伦额驸戴三眼孔雀翎；镇国公、辅国公、和硕额驸双眼孔雀翎。此爵翎也。其职任之戴翎者……五品以上花翎，六品以下蓝翎，去任则除。品官若军功、若射布靶，得赏花、蓝翎者，非降革越品，则不除。品官功高者，亦得特赏双眼孔雀翎。此本朝翎支之定制也。……靛染天鹅翎，即今之蓝翎，此乃翎支之肇端。（《翎顶考》，据郑晓霞《仪顾堂集辑校》卷二，广陵书社2015年版）

"孔雀翎"、"蓝翎"（天鹅翎）姑且不论。我有些怀疑，清人所谓"花翎"，会不会就是天堂鸟的羽毛，或者包括了天堂鸟的羽毛呢？试看《荷属东印度见闻杂记》那段话，不正说到中国人"需要鲜艳的羽毛以饰官服"吗？否则，当时从南洋输入那么多的羽毛，又用到什么地方去了呢？

鸟类羽毛之为物，在今人看来，自是无足重轻的，故羽毛及其相关问题，在文化史研究中似乎是一个盲点（比如高春明的《中国服饰名物考》[上海文化出版社 2001 年版] 考述甚丰富，但对此也一无所及）；然而在古典时代，羽毛上用于仪典、官制，下用于妇女饰物，于古人实为重要且普遍的物事，只是后人视角转移，遂于此视而不见。从我以上的考述可见，羽毛虽微，本身却涉及博物学及博物学史；论其作用，既涉及官方的礼仪史与制度史，又涉及私人的服饰史；而论其传播，则更涉及中外交通史及贸易史。故考辩天堂鸟的羽毛问题，绝不仅是有趣味而已。

我不确定，古人所用的羽毛，在文物中是否可以保存下来；如有实物存留，此问题日后当能真正解决。而我个人的能力不能超出纸面，在此仅提出可能的解释，仍无从证实，故名之为"臆考"。

（原刊《中国文化》2015 年春季号）

补记：

萧绎（梁元帝）《职贡图序》有云：

> 故以明珠、翠羽之珍，细而弗有；龙文、汗血之骥，
> 却而不乘。（《金楼子》卷五）

可知"翠羽"在中古时代也属于远方进贡之物。据《资治
通鉴》卷二百一十一，唐玄宗开元四年：

> 有胡人上言海南多珠翠奇宝，可往营致，因言市舶之
> 利……上命监察御史杨范臣与胡人偕往求之，范臣从容奏
> 曰："陛下前年焚珠玉、锦绣，示不复用。今所求者何以异
> 于所焚者乎！彼市舶与商贾争利，殆非王者之体。……"
> 上遽自引咎，慰谕而罢之。

此处的"珠翠奇宝"，也即萧绎所谓"明珠、翠羽之珍"，"翠"
当即指"翠羽"而言。观此所记，当时官方或未参与海外的奢
侈品贸易，但由"市舶与商贾争利"云云，可知民间必已存在
此类贸易——包括薛爱华所说的"翠羽贸易"。

关于"翡翠"的产地，汉晋间还有这样的记录：

> 翡，赤羽雀也。出郁林。

翠，青羽雀也。出郁林。（皆见东汉许慎《说文解字》第四上）

翡，色赤绀，皆出交趾兴古县。（《广志》，据《太平御览》卷九二四）

翡翠，出九真。头黑，腹下赤青缥色，似鹧鸪。（《交州记》，据《太平御览》卷九二四）

这里称"翡翠"来自郁林、交趾或九真之类，想来也跟赵汝适《诸蕃志》、周达观《真腊风土记》说"翡翠"来自真腊一样，只是辗转得来的耳食之言吧。

唐代张说有诗《时乐鸟篇》，其序云：

伏见天恩，以灵异鹦鹉及能延京所述篇出示朝列。臣按《南海异物志》有时乐鸟，鸣云"太平天下"，有道则见。验其图，丹首红臆，朱冠绿翼，莺领文背，糅以五色。今此鸟本南海贡来，与鹦鹉状同，而毛尾全异。其心聪性辨，护主报恩，固非凡禽，实《瑞经》所谓时乐鸟。

张说所亲睹的异鸟，"与鹦鹉状同，而毛尾全异"，当系五色鹦鹉（参熊飞《张说集校注》，中华书局 2013 年版，第二册第513—515 页）；而他以为这种五色鹦鹉即《南海异物志》所载的时乐鸟，却未必可靠。《南海异物志》不详何书。观时乐鸟"丹首红臆，朱冠绿翼，莺领文背，糅以五色"的形状，不也有可能是天堂鸟吗？

又，苏轼有诗《五色雀》（其子苏过亦有《五色雀和大人韵》），其中小引云：

> 海南有五色雀，常以两绛者为长，进止必随焉。俗谓之凤凰，云久旱而见辄雨，潦则反是。

诗有云：

> 粲粲五色羽，炎方凤之徒。青黄缟玄服，翼卫两绛朱。……

此物会不会也是天堂鸟呢？

再论中国上古多数决原则的痕迹

《中国上古多数决原则的痕迹》一文，在收入《洛城论学集》（浙江大学出版社 2012 年版）时，我已作过"补记"，补充了有关材料和论说。此后断续有所知见，虽多属片断，但考虑到问题的重要性，仍专门补作此篇，以为前文之续。

在《多数决原则的痕迹》里，我举了《尚书·洪范》关于王、龟、筮、卿士、庶民表决的内容，作为多数决观念之例。关于此，张秉楠过去已有总结：

> 决议基本体现服从多数的原则。龟、筮、卿士的联合，即全体贵族的联合，或者龟、筮、庶民的联合，即部分贵族（宗教贵族）和民众的联合，可以否决国王和另一方的共同提案，贵族势力占着明显的优势。因此，当国王同全体贵族的意愿发生冲突时，或者是改正自己的意见（如同

太甲居桐时"悔过自责"所做的那样），或者是努力说服对方（如同盘庚迁殷时所为）。唯君命是从，个人专断，在当时是行不通的。这种体现贵族集体意志的"共政"体制显然具有贵族民主制的性质。(《商周政体研究》，辽宁人民出版社1987年版，第50—51页）

不过，他径直将《洪范》所载视为商代政治的实际，则未免过于"信古"，缺乏史料批判的精神，却是我不敢接受的。

此外，特别重要的是，我发现《左传》中实有可与《洪范》相印证的史料。定公元年，因流亡的鲁昭公死于国外，专政鲁国的季平子（季孙意如）派遣叔孙成子迎丧，同时欲请追随鲁昭公的子家羁返国；子家羁表示，其他流亡者不妨与季氏达成政治和解，但他个人只效忠于死去的鲁昭公，故拒绝返国，此时他说的话有这样一句：

> 若立君，则有卿、士大夫与守龟在，羁弗敢知。

意思是说，若要立新国君的话，有国内的卿大夫、士大夫（贵族）及龟（卜者）即可，不需要我的参与。这与《洪范》"汝则有大疑……谋及卿士，谋及庶人，谋及卜筮"的文本恰相契合，由此可以证明，《洪范》式的多数决虽出于理想化的设计，但也非无所依榜，确实折射了春秋时代的政治实践，至少也折射了《左传》时代的政治实践。

在前文里，我又举了《左传》成公六年晋国栾书（武子）的例。就与楚军是否决战的问题，栾书与部下起了争执：多数部下主战，他们表示："子之佐十一人，其不欲战者，三人而已。欲战者可谓众矣。"而栾书则倾向于知庄子、范文子、韩献子三位反战者的意见，表示："善钧，从众。夫善，众之主也。三卿为主，可谓众矣。从之，不亦可乎？"对此，我原来的理解是：栾书不接受主战派的意见，强辨"三卿为主，可谓众矣"，以为应从贤者之见，但表面上仍不得不承认"从众"的原则。现在想来，如此理解恐似不甚准确。栾书的逻辑，似乎是这样："夫善，众之主也"，则"善"＝"主"；"三卿为主"，则"三卿"＝"主"；也就是"善"、"主"、"三卿"三者可以等同。如此，"善"就包含有精英的意思，则"众"固然要尊重，但"众"更应当尊重"善"的意见；知庄子、范文子、韩献子三人作为精英的决策，也是一种多数决定，众人应当信从。这就意味着栾书提出了另一种多数决的理念——主战的部属只是单纯地以表决者的人数为准，即要求数量的多数；而反战的栾书更强调表决者的素质和资格，即要求质量的多数。类似的理念之争，在西方也曾存在，如近代英国法学大家贝克曾提到15世纪英格兰王室谘议会的情形：

　　达菲利德的第一个案例就记载了1496年进行的一次大讨论：如果少数派更有学识，谘议会主席是否可以根据他们的意见宣判。讨论结果是他们不能这样做，尽管确实曾有先例。这就是那个经常遇到的难题，即是否更合理、更有力的一方成为多数派。（《英格兰法与文艺复兴》注［43］，杜颖译，北京大学出版社 2012 年版，第 123 页）

在此，"质量的多数"并没有压倒"数量的多数"，但至少说明，当时英国显然也有强调"质量的多数"之见，甚至在实践中还有先例，这跟栾书的看法正相呼应。还有司法审判的情形：

> 在纠错程序中，纠错法院的简单多数意见可以胜过全体英格兰法官的多数意见。（《英格兰法与文艺复兴》，第124 页）

论表决者的数量，纠错法院的法官当然远少于全英格兰的法官，但他们作为上级的多数意见可以否决下级的多数意见，除了行政层次的因素，似乎也隐含了精英主义的意味，即相信"质量的多数"胜于"数量的多数"。这种对"质量的多数"的强调，无论在古今中外，几乎都未成为多数决的具体原则，但其根本理念，实际上绝未消失——所谓代议制的表决方法，从美国总统选举的选举人团，到香港特区行政长官选举的选举委员会，都非全民作直接表决，而是区域或组别代表作间接表决，也即并非绝对地以"数量的多数"为准，而带有"质量的多数"的成分。

我又举了《左传》哀公元年陈怀公的例。他让国人"欲与楚者右，欲与吴者左"，是很典型的多数决实践。关于此，前人亦多有论及。如程发轫认为反映了政由民议的风气（《左传之民主思想》，《春秋要领》，［台北］兰台书局有限公司1981年版）；徐鸿修认为系一种表决方法（《周代贵族专制政体中的原始民主遗存》，《先秦史研究》，山东大学出版社2002年版）。特别值得重视的，是吴荣曾挖掘并发挥了惠栋《春秋左传补注》的旧说：

　　　　……清代惠栋以为所谓的右和左是指袒左、右肩之意，他的根据是《汉书·吕后纪》：'勃入军门行令军中曰：为吕氏右袒，为刘氏左袒，军皆左袒。'西汉初去春秋末不远，周勃下令军中袒左或袒右的做法，可能是根据民间相传已久的习俗与传统。惠栋用汉初之事去解释春秋之制还是很有道理的。春秋时这种"大询"，是军事民主时代的政治特征，和古代希腊、罗马史上的"人民大会"十分相似。如古希腊在会上的民众可通过举手或喊叫来表决，这和《左传》上以"左"、"右"来表态的用意完全一致。（《〈左传〉中所见春秋时的古代民主政治体制》，《读史丛考》，中华书局2014年版）

检惠栋原文，是对"欲与楚者右"一句的注释：

> 此与绛侯（按：即周勃）右袒意同。怀公意欲从吴，故
> 使与楚者右。（《惠氏春秋左传补注》卷六）

我已说过，陈怀公的"欲与楚者右，欲与吴者左"，当即分列
（divide）的表决方式，古代中外皆极常见。惠栋以为陈怀公本
人不愿依附楚国，故在表决时有意让"欲与楚者右"，也就是
说，陈怀公的跟周勃一样，是尊左贬右的，此当不确；而吴荣
曾对惠栋之说不无曲解，直接将陈怀公的左、右等同于周勃的
左、右袒（裸露左、右臂），亦嫌过度诠释了。但他们能拈出周
勃一事，以之与陈怀公事相印证，已等于认识到左、右袒的表
决性质，先我而发此覆，自是非常有价值的见解。

《左传》中还有若干关于多数决的零星的若干事例。昭公十
三年，楚灵王众叛亲离时：

> 右尹子革曰："请待于郊，以听国人。"王曰："众怒不
> 可犯也。"

又昭公十四年，鲁国费邑宰南蒯欲反叛，但费地的民心不一，
其家臣司徒老祁、虑癸也暗中反戈：

> 二子因民之欲叛也，请朝众而盟。

这里的"听国人"、"朝众"，都有多数决的意味。还有更有趣

的一例。昭公二十一年，宋国内乱，华氏宗族在吴国支持下，一开始击败了宋元公的军队，元公欲出逃，为厨邑大夫濮所劝阻：

> 乃徇曰："扬徽者，公徒也。"众从之。

这是说，让支持宋元公者扬起徽标，这当然是明显的多数决方式了。又哀公二十六年，宋景公去世后，其宠臣大尹扶持启继位，皇非我、乐得等联三对付景公大尹一派，双方皆诉诸国人以求支持：

> ……使徇于国曰："大尹惑蛊其君，以陵虐公室。与我者，救君者也。"众曰："与之。"大尹徇曰："戴氏、皇氏将不利公室，与我者无忧不富。"众曰："无别。"

定公八年，卫灵公因受辱于晋国，欲背弃盟约，但又担心上层贵族阶级反对，最后乃诉之多数以求解决：

> 公朝国人，使贾（王孙贾）问焉，曰："若卫叛晋，晋五伐我，病何如矣？"皆曰："五伐我，犹可以能战。"贾曰："然则如叛之，病而后质焉，何迟之有？"乃叛晋。

又哀公二十四年，卫出公在与吴国会盟时迟到，吴国方面欲扣留他，作为鲁国官员与盟的子贡遂劝解：

> 卫君之来，必谋于其众。其众或欲或否，是以缓来。……

这也很可见当时卫国实行多数决的情形。又哀公二十六年，鲁、宋、越合师，帮助流亡的卫出公返国复位，卫国拒之而败，当政的文子（公孙弥牟）仍谋于国人，是决定是否接纳出公复位：

> 文子致众而问焉，曰："君以蛮夷伐国，国几亡矣，请纳之。"众曰："勿纳。"曰："弥牟亡而有益，请自北门出。"众曰："勿出。"重赂越人，申开守陴而纳公。公不敢入。

以上多数决事例，分别发生于楚、鲁、宋、卫各处，足见多数决在春秋时期是普遍行于列国间的。

特别有价值的，另有《战国策·齐策六》"王孙贾年十五事闵王章"的一段记录。事情背景是齐闵王昏乱，乐毅率六国联军击破齐军，燕军更攻入齐都城淄，齐王逃亡，任楚国援军将领淖齿为相，复为淖齿所杀。此时，遂有王孙贾登场：

> 王孙贾乃入市中曰："淖齿乱齐国，杀闵王，欲与我诛者袒右！"市人从者四百人，与之诛淖齿，刺而杀之。

王孙贾号召齐人"欲与我诛者袒右"，显然跟周勃的"为吕氏右袒，为刘氏左袒"一以贯之，当亦是一种表决形式了。略稍有差别的是，周勃期待众人"左袒"，而王孙贾期待众人"袒右"，这又说明，表决时是左袒还是右袒，皆无不可，并没有什么特别意味。

对多数意见的强调，在古人也不乏其例。

汉武帝刘彻著名的《轮台诏》有一处：

> 古者卿大夫与谋，参以蓍、龟，不吉不行。乃者以缚马书遍视丞相、御史、二千石、诸大夫郎为文学者……（见《汉书·西域传》）

此即化用《洪范》之辞，表示当初远征匈奴也是顺乎众意，不尽是他个人的独断专行。

东汉章帝刘炟时，南匈奴与北匈奴互为仇敌，南匈奴曾打败北匈奴，获其兵民；但北匈奴已与汉室和亲，对于是否将俘虏遭还北匈奴的问题，汉廷遂形成了激烈争议。最后章帝下诏表示：

> 久议沈滞，各有所志，盖事以议从，策由众定……（此据《资治通览》卷第四十七）

又魏文帝曹丕报孙权书有谓：

廊庙之议，王者所不得专；三公上君过失，皆有本末。
（见《三国志·吴书·吴主传》）

又南宋真德秀有言：

臣闻天下有不可泯没之理，根本于人心，万世犹一日者，公议是也。自有天地以来，虽甚无道之世，破裂天常，斁坏人纪，敢为而弗顾者，能使公议不行于天下，不能使公议不存于人心。（《庚午六月十五日轮对奏札二》,《西山先生真文忠公文集》卷二；此据谢信尧《宋元民权思想研究》引，〔台北〕正中书局 1979 年版，第 58 页）

刘彻、刘炟、曹丕身为君主，其言或许还有些作态的性质；但真德秀的话，真称得上是对"众议"的最高礼赞了！

在《多数决原则的痕迹》里，我讨论的多数决观念与实践之例，主要限于西汉以前者。而此类实例，在汉代以后其实也未绝迹。

西晋惠帝时，赵王司马伦有心篡夺皇位，淮南王司马允洞察其谋，培养死士以防范之。后司马伦欲收捕司马允，司马允遂公开反抗，《晋书·淮南忠壮王允传》载：

> ……遂率国兵及帐下七百人直出，大呼曰："赵王反，
> 我将攻之，佐淮南王者左袒！"于是归之者甚众。

司马允后为诈降者暗算，功败于垂成之际，这且不论。他呼吁"佐淮南王者左袒"云云，显然跟西汉时周勃号召北军将士"为刘氏左袒"是一贯的；当然，此举未必是有意识地实行多数决，可能只是在口头上重演周勃的故事而已。

但我们再看南朝梁元帝萧绎的例子。平定侯景之乱后，萧绎在江陵（今湖北荆州）即帝位，由于建康才是正式都城，朝议多主张迁都建康。萧绎久居江陵，内心不愿迁都，但迫于众议，曾试行表决，《南史·周弘正传》载：

> 上又曾以后堂大集文武，其预会者四五百人，帝欲遍
> 试人情，曰："劝吾去者左袒。"于是左袒者过半。

如果说，司马允的"左袒"只是事急时的登高一呼，那么萧绎的"左袒"就是真正的多数表决了。尽管，他最终没有接受这次表决而迁都建康。

此外，东汉应劭《风俗通义》记录了当时一个笑话：

> 齐有一女，二家求之。其家语其女曰："汝欲东家则左
> 袒，欲西家则右袒。"其女两袒。父母问其故，对曰："愿东
> 家食而西家息。"以东家富而丑，西家贫而美也。（见《记纂

渊海》、《太平御览》卷三八二;《艺文类聚》卷四〇载此事有异文。此据吴树平《风俗通义校释·佚文》,天津人民出版社1980年版,第433页)

这显然是拿了周勃"为吕氏右祖,为刘氏左祖"的典故来开玩笑。此虽非实事,却跟司马允、萧绎的实事一样,很可表明周勃那次多数决——我在前文中称之为"古代史上最著名的一次多数决"——在后世的影响力。

在萧绎之前,还有一个因迁都而进行多数决的例子。北魏孝文帝拓跋宏假借伐齐为由,拟将都城由平城(今山西大同)迁至洛阳;自平城发兵即阴雨不绝,至洛阳,属下多劝阻继续南征。《魏书·李冲传》载:

> 高祖(拓跋宏)乃谕群臣曰:"今者兴动不小,动而无成,何以示后?苟欲班师,无以垂之千载。……若不南銮,即当移都于此,光宅土中,机亦时矣,王公等以为何如?议之所决,不得旋踵,欲迁者左,不欲者右。"安定王休等相率如右。(史源相同的记录又见《北史·序传·李冲传》)

拓跋宏假意退让从众,意在一举迁都洛阳。但他虽令臣下速议速决,在形式上仍允许"欲迁者左,不欲者右"。这就是确定无疑的多数决了——跟《左传》里陈怀公"欲与楚者右,欲与吴者左"、《韩非子》里齐桓公"善者入门而左,不善者入门而右"

一样，是通过分列计算多数的表决方式。

以上拓跋宏、萧绎在迁都问题上进行表决，跟《周礼·秋官·司寇》所谓"致万民而询焉……二曰询国迁"是契合的，尽管可能只是不谋而合。

辽太祖耶律阿保机的皇后述律平也曾实行多数决。在阿保机死后，她称制摄政，稍后放弃了长子耶律倍（契丹名图欲，又作突欲），立次子耶律德光为帝。据《资治通鉴》卷第二百七十五：

> 契丹述律后爱中子德光，欲立之。至西楼，命与突欲俱乘马立帐前，谓诸酋长曰："二子吾皆爱之，莫知所立，汝曹择可立者执其辔。"酋长知其意，争执德光辔欢跃曰："愿事元帅太子。"后曰："众之所欲，吾安敢违。"遂立之为天皇王。（南宋叶隆礼《契丹国志》的《太宗嗣圣皇帝》、《诸王传·东丹王》皆袭录此事；另检《旧五代史》、《新五代史》及《辽史》似皆不见）

执谁的马辔，就代表了接受谁成为君主，此实为一种特殊的多数决形式。以此来确定一国之君，虽嫌表面文章，但作为形式仍是非同小可的。

值得留意的是，北魏作为鲜卑种，辽作为契丹种，其初始皆是来自东北地区的游牧民族；则魏孝文帝、辽述律后这两例多数决，恐怕就不是受了中原汉族文明的影响，而很可能是承袭北方游牧种族的政治传统。

　　与述律后的多数决约略同时，也即中原的五代之际，在四川地区也有过一次近似多数决的事例。后唐征服前蜀未久，重臣郭崇韬、朱友谦先后无罪被杀，大将康延孝畏而起事，为李延厚率部击溃。这位李延厚在出兵前，就进行了一次特别的战前动员，事见《九国志·李延厚传》：

　　　　将行，誓士卒曰："今出师不三旬必破贼，乃立功图赏之日也。士卒忠奋者立东厢，衰疾者立西厢，无自苦也。"得请行者七百人，逐延孝西寨，斩首百余级，竟拔其城。
　　（见《旧五代史·唐书·康延孝传》注）

又见《资治通览》卷第二百七十四：

　　　　延厚集其众询之曰："有少壮勇锐，欲立功求富贵者东！衰疾畏懦，厌行陈者西！"得选兵七百人以行。

由"集其众询之"云云，可知这次动员带有多数决意味。此虽仅行于基层，无关乎大局，但由此却可见，多数决作为一种政治传统，仍是不绝如缕地流传于民间的。

　　关于多数决在近世以来的表现，特别值得一述的是 40 年代边区实行的"豆选"。这个名目，我过去闻所未闻，除了由于主观的学识不周，也有客观因素——无论对于中国革命史，还是民主政治史，这实在都是一个盲点。

对此，我最早似由吕大年的一篇文章留下些许印象。他提及一份 1958 年美国加州大学东亚研究所刊印的汉英词汇表，有"豆选"一词：

> 英文的解释说，这是中国农村选举基层干部的一种方法。农民多不识字，所以每人发一颗豆子，充当选票。候选人在高台上坐成一排，面向里，每人背后放一只空碗。选民排队走过，选谁，就把豆子放进这个人背后的碗里。
>
> （《〈通览〉胡注及其他》，《读书纪闻》，浙江大学出版社 2012 年版）

后来才又意外地见到这一主题的专著：牛铭实、米有录的《豆选》（中国人民大学出版社 2014 年版）。此书广泛征引了回忆录、地方志、小说、版画等种种材料，大体梳理了"豆选"问题。比如，关于具体的投票方法，除了使用豆子之外，还有以下其他方法：

> 烧圈烙洞（要选哪位候选人，就在选票上其名字旁用香烧洞）
>
> 画圈画杠画点（在选票上的候选人名下画标记，画圈表示同意，画杠表示反对）
>
> 红绿票（红票表示同意，绿票表示反对）
>
> 举手

投纸团（将纸团投到要选的候选人名下，也可以在纸团上另写其他候选人）

站东过西（分列）

先站后站（先站起表示赞成，后站起表示反对）

总的来说，此书拈出一个冷僻而有价值的题目，在材料上下了极大功夫，但见解上过于保守，未脱官方的政治话语，对"豆选"的时代背景认识也甚肤浅，兹不细述。

关于"豆选"的起源，《豆选》一书追溯到30年代的苏维埃政权（第二部分"中国的豆选"第一章、第二章），但我有些怀疑，"豆选"本行于民间，政府不过是因应民俗，将之普遍应用于基层选举罢了。

试举一例：南方山地民族的选举惯习，有种种抽签式的方法，但也有投票式的方法。如云南澜沧县东回区拉祜族人为主的班利寨，下辖各小寨选头人"卡些"时，先由各户户主提名三位候选人，随后在小寨的群众大会上正式选举；具体方式是以玉米粒当选票，获得玉米粒最多者当选，再由管理小寨的大头人任命。又，50年代在少数民族地区推行民主选举，因文盲太多，无法进行记名投票，就在候选人前摆一碗或小竹箩，选举人以玉米粒或竹片、树叶当选票投之于内（此据张冠梓《论法的成长——来自中国南方山地法律民族志的诠释》，社会科学文献出版社2000年版，第304页）。南方少数民族的这类投票方法，显然近于"豆选"，可谓多数决的原始形态，其产生有可能是受了近代汉族地区的影响，但也可能是源自本土的自发传统。而"豆选"的出现，亦可作如是观。

附带再述一事。

我在《佛典所见的多数决》一文（《洛城论学集》）里提到，古代佛教群体及三国时的新罗，都曾通用一票否决式的表决方法，实即要求"一致同意"，我以为"可视作多数决的一种变例"。这种方式，也非别无分店者。

比如英美的陪审团制度，至今仍通行"一致同意"规则，只是由于"一致同意"在实践上容易导致"僵局陪审团"，使判决付出太多的时间和人力成本，故已有向"非一致同意"规则转变的势头（[美]伦道夫·乔纳凯斯《美国陪审团制度》第七章，法律出版社2013年版）。英国陪审团制度的"一致同意"传统相当悠久，可能源自14世纪；当然，比之佛教和新罗的"一致同意"，在年代上就要望尘莫及了。

无独有偶，清代乾隆以后的死刑判决，即所谓"秋审制度"，也存在"一致同意"式的惯例。"秋审制度"出于慎杀精神，在程序上极为细密，其判决的最后程序，有刑部专家的"司议"。董康《清秋审条例》云：

> 列席司议为本处之提调、坐办，由主任提调主席，就招册后尾所定处分，与本部堂司各批，比核协商其当否，从多数决之。（《清秋审条例》第三节第一款，何勤华、魏琼编

《董康法学文集》，中国政法大学出版社 2005 年版）

"司议"之后，复有刑部最高级别的"堂议"：

> 堂议，刑部满汉尚书侍郎及前条（按：即以上关于"司议"的条款）之员司共列席，由本部员司擢升堂官者一人主任，仍并前条之员司，从多数决之。（《清秋审条例》第三节第二款）

按董康的总结，刑部内对于死刑的判决是实行多数决的。而经历多数决的"司议"、"堂议"之后，还有一道"覆檄"（复核）程序，需要会同刑部、都察院、大理寺三大司法机关，以及九卿、翰詹、科道各部（《清秋审条例》第四节）。清末的王照曾叙录一则掌故，涉及死刑的复核细节，为董康所未及，兹引录如下：

> 光绪以前，司法原自独立（但无司法独立之名词耳）。自慈禧擅国，始破坏之。略举事例，如同治十三年吴可读之案，皇帝之威，不能屈最小之法官。先是，甘肃乌鲁木齐提督成禄，诬良为匪，屠数百人。……成禄满人，时都市谣传上袒成禄，已谕末减，其实上未有从宽之意也。御史吴可读遽上疏怂争，有"请斩成禄以谢某县之民，斩臣之头以谢成禄"等语。毅帝（按：同治皇帝）暴怒，谓可读诬毁朕躬，即交刑部治罪，且面谕必杀此獠。刑部尚书桑

78

春荣，乡愿也，即命遵旨科以斩决。故事，凡死刑必三法司画诺，缺一押即不得缮奏。时刑部六堂、都察院四堂、大理寺满汉正卿及满少卿皆已画押，惟最末之汉少卿王家璧坚执不允，谓言官例得风闻入奏，不应科以重罪。案不能定，谕旨严催，十三堂官与家璧一人争十余日，家璧卒不屈；乃改拟流宥．家璧始迁就画押。毅帝不怼，无如何也。（《方家园杂咏纪事·附杂记数则》，据荣孟源、章伯锋主编《近代稗海》第一辑，四川人民出版社 1985 年版）

这是说，同治皇帝在盛怒之下，授意处死上书直谏的吴可读，但大理寺少卿王家璧坚决不画押，"缺一押即不得缮奏"，在程序上即不能执行死刑。王照所述，似乎没有什么理由怀疑。谓予不信，还可以举出另一则掌故作为旁证：

年羹尧既以大逆诛，父遐龄年八十余，法当从坐。九卿俱画诺矣，高安朱文端公（按：朱轼）独不署名。宪皇帝（按：雍正）责问：公奏："以子刑父，非法也。臣薄录年氏家书，遐龄训羹尧甚严，羹尧不能从，以陷于罪，罪在子不在父。"上颔之，遐龄竟免。（陈康祺《郎潜纪闻三笔》卷十二"朱文端奏免年遐龄从坐"，收入《清朝野史大观》卷五；李春光纂《清代名人轶事辑览》第二册，中国社会科学出版社 2004 年版）

朱轼当时身为都察院大臣兼吏部尚书，在三法司、九卿之

79

列，他不签字画押，死刑判决即不合规矩。由此可见，至少在雍正至同治时代，三法司、九卿就死刑"画诺"，可以说在实践上形成了"一致同意"的传统。

（原刊《南方周末》2016 年 4 月 14 日）

梁鸿志的刺蒋诗及其他

题目的梁鸿志,系北洋政客兼诗界名流,沦陷时期参加伪政权,抗战后被处决;至于这个"蒋",则是蒋介石。但此事又得从冒效鲁——在今天,他最著名的"身份"是钱锺书的好友——说起。

曾参与汪精卫南京政权的冒氏,有一首故意匿云本事的诗《夜雨淙淙,取某君遗诗翻阅,遂至四鼓。感念平昔,辄题一律,距君之亡三年矣》:

> 头白书生喜论兵,与人家国欲何成?广陵散绝援琴顷,
> 北海樽空好客名。抉眼城门言竟验,脱身复壁恨难平。寒
> 宵坐雨呼灯读,英气还疑拂纸生。(自注:读集中妙高台五古,
> 有感于今日之事。)

此诗在《叔子诗稿》初版(安徽文艺出版社 1992 年版)中系于

1947 年，但宋希於发现在再版（安徽文艺出版社 1997 年）中改系于 1948 年，遂怀疑这个"亡三年矣"的"某君"是位身份特别的人物。宋君质诸刘聪，刘君以为，由"抉眼城门"之语，可见"某君"似非善终，故很怀疑此人即梁鸿志，随后至国图查阅梁氏《爱居阁诗》，果然集中有《妙高台》五古一首；宋君又揭示，陈方恪《题爱居阁诗集后》提及冒孝鲁有"读爱居阁集书后诗"。如此，这个猜测就完全证实了（宋希於《〈叔子诗稿〉二三事》，《南方都市报》2014 年 6 月 22 日）。

此中之覆，多年前我检读《爱居阁诗》时也已发现，只是觉得《爱居阁诗》少有人看得到，就未急于写出。看到刘、宋两君先我发之，虽有"所见略同"之喜，也不免有"拱手让人"之憾。不过，刘、宋两君虽破解了此公案最重要的关节，但诗的本事尚有可讨论之处，尤其梁鸿志诗更有未发之覆，所以我还是决定检出原先积累的材料，撰此一文续论其事。

梁诗题为《妙高台》，其诗如下：

妆楼压僧塔，佛窟栖倾城。亭亭妙高台，何人之所营。塔中禅定人，定起闻钗声。错疑摩登伽，来度诸有情。世间万骨枯，娱此一榻横。禅师遗蜕耳，持较孰重轻。我来暑方炽，坐爱松风清。休论儿女事，暂主江山盟。（《爱居阁诗》卷六，民国刊本；又见陈世镕《爱居阁诗注》卷六，上海图书馆藏本。按：承宋希於告示，此诗曾收入《采风录》第二集［1934 年版] 诗类第一卷，题为《妙高台通云禅师塔》。"错疑摩登伽"一句刊本讹作"错疑摩伽登"）

这个"妙高台"在何处呢？诗又有什么用意呢？

在《爱居阁诗》里，此诗的前两篇分别是《五月二十一日同高梦旦、李拔可、刘子楷、沈昆三晨发宁波，午抵雪窦寺》、《千丈崖》，雪窦寺、千丈崖、妙高台都是奉化溪口雪窦山的名胜，那么，梁诗所咏的妙高台，显然即蒋介石老家的妙高台了。

妙高台位于妙高峰顶，高出千山，三面峭壁，又对着千丈崖，自是一方名胜，但其非同等闲，更在于其主人。妙高台北首昔有栖云庵，清代石奇通云禅师圆寂后，筑舍利塔于此；后来，蒋介石在妙高台建造了一幢中西合璧的别墅——拆除了原来的栖云庵，但保留了舍利塔。关于这个别墅，原蒋宅账房唐瑞福、原蒋秘书汪日章回忆：

> 一九二八年春，蒋介石第一次下野回溪口，在妙高台建二层楼的别墅，有"妙高台"三字的横额，下署"中正题"。这是蒋每回溪口必到的地方……别墅后面建有平屋数间，由雪窦寺派一和尚看管，可供游客休息，来游者只要奉敬香金若干，管事僧就可带你往别墅各处游览。妙高台是避暑的胜地，蒋介石、宋美龄夏季常到这里小住。别墅里装有电灯电话，蒋夫妇来住时，禁止游客游览。别墅左首是曾住持雪窦寺的和尚石奇的坟墓，蒋每次来，照例先

妙高台今貌（中为舍利塔）

蒋介石题字

妙高台旧影（左二蒋介石、右一孙科）

向石奇和尚坟墓一鞠躬，再进内休息。(《蒋介石的故乡》,《蒋介石史料（浙江文史资料选辑第二十三辑）》,浙江人民出版社1985年第二版）

又，蒋的同乡、原武岭学校校长张明镐则描述：

蒋介石看中此地山谷深幽，易于警备，就将石奇和尚的茅屋拆去（庵前石奇的墓塔，因不很高，仍留在凉台下，原封未动），建造新式洋楼三间，平顶凉台三间，余屋三间，凉台正门上悬有"灵山一会"横额一幅，另在右角旁筑有水泥六角亭一座，总称为妙高台别墅。(《蒋介石在溪口》,《文史资料精选》第六册，中国文史出版社1990年版）

据《爱居阁诗》，梁鸿志游溪口并作诗，是在辛未年（1931），则其所见的，已是蒋介石新建的妙高台了。由此，我们就比较容易理解梁诗的含意："妆楼压僧塔，佛窟栖倾城"，当然是形容妙高台的新别墅兼容旧舍利塔的特殊形制；"何人之所营"的"何人"，自是隐指蒋介石而言；"塔中禅定人，定起闻钗声。错疑摩登伽，来度诸有情"，当是借佛教传说中纠缠佛弟子的摩登伽女比拟来此玩住的宋美龄；"世间万骨枯，娱此一榻横。禅师遗蜕耳，持较孰重轻"，则谓蒋介石不恤芸芸众生，黩武争权，换来此地此居的享受，当然更不在乎亵渎禅僧之灵了。此时国民党已北伐成功，域中正是蒋介石的天下，作为北洋政府的旧人，梁鸿志身属被国民党推翻并取而代之的阵营，其不满于国民政府，并对蒋氏有所揶揄，那也是毫不意外的。

对于梁诗，与梁同游溪口的李宣龚（字拔可）有和作《妙高台通云禅师塔用无畏韵》（"无畏"系梁鸿志的别号），诗如下：

> 溪山岂不好，筑楼俨如城。荷戈归洞房，妆台夺僧营。夜深闻佩环，那有钟磬声。乃叹善战者，于此非无情。开山念初祖，塔前翠纵横。一壑不能专，翻遭竖子轻。强聒厌得失，未抵风松清。狃主本乘兴，弗用坚齐盟。（《硕果亭诗》卷下，收入《李宣龚诗文集》，华东师范大学出版社2009年版。此诗在集中系于庚午，即1930年，应系误置）

又，梁的好友周达亦有和作《雪窦妙高台和众异均》（"众异"是梁的字），诗云：

> 崇台依僧岩，壮丽疑化城。不知高处危，郿坞劳经营。飞丹耸绝壁，环佩摇天声。何如衣锦乡，陌上花含情。美人与霸业，气概不世横。时来沐猴贵，运去山鬼轻。天龙护禅定，坐待尘劫清。惜哉乘愿人，未缔香火盟。（《今觉盦诗》卷三，民国刊本。此诗系于辛未）

梁的另一位好友诸宗元更是前后和了两首，一系《妙高台和众异韵》：

> 我闻妙高台，缥缈化人城。溪山占幽胜，缁素皆经营。幻住果何有，风松不留声。土木夸一时，有情徇无情。游者能一至，虎迹迷纵横。崇楼俯废塔，过视谁重经。山中人有言，从浴疑华清。云窗与雾阁，岂得山灵盟。

一系《拔可既和众异妙高台诗，更依韵一首》：

> 名山古游幸，列骑如坚城。况近楼山村，何殊夹马营。红妆从娥娥，刀剑应无声。荒塔寺重垩，辉映若有情。念以缄白骨，涕泪当纵横。美人果何物，休令黄屋轻。前鱼亦可泣，浊井不再清。妙高留此台，忍见钗钿盟。（以上两诗皆见《大至阁诗》，民国爱居阁丛书）

以上诸作，大体皆接续梁诗的调子，对蒋、宋多有调侃的意思，比如"荷戈归洞房，妆台夺僧营"、"美人与霸业，气概不世横。时来沐猴贵，运去山鬼轻"、"从浴疑华清"等等，都不是什么好话。因为不涉主旨，兹不细解。

有一事不妨附言。1939 年底，钱锺书应聘至蓝田国立师范学院任教，他和徐燕谋、邹文海等五人由沪赴湘时经过宁波，曾到溪口一游，留下《游雪窦山》五古四首，并在《围城》里略有提及（参李洪岩《智者的心路历程——钱锺书的生平与学

89

术》第六章之三，河北教育出版社 1995 年版）。从钱的诗，看不出他有没有到妙高台，但妙高台如此名胜，他当时总会听说的。于是，我就忍不住想：钱锺书是看过《爱居阁诗》的（王怀志《钱锺书批阅〈爱居阁诗〉》，《羊城晚报》2010 年 12 月 19日），他有没有注意到里面《妙高台》那首诗的微讽呢？还有，冒效鲁那首诗有没有给钱锺书看过呢，钱若看了，"妙高台"的字眼，又有没有触动他的联想呢？

若干年前，我到江南游历，为了查验我对梁诗的理解，曾半顺道地到溪口"现场"看过一番，只是印象已如过眼云烟。不过，后来查检资料得知，蒋氏的妙高台已在"文革"时被毁，如今的妙高台其实是 80 年代重建的，唯有"妙高台"三字堂额仍是原物。关于此，有位名不见经传的陈述徵在其诗《奉化蒋氏故居》的注中提道：

> 妙高台三字乃蒋介石手书，以木刻之。悬挂于台前高处。以上碑刻，在"文化大革命"中，附近农民惧其被毁，乃不顾生死深藏之（尤以蒋氏所书）。"文化大革命"后始献出。（《离乱余音》，自刊本，第 107 页）

这么说来，我所见的妙高台，本非梁鸿志当年所见，其印象之有无，也就无关紧要了。这当然也是题外话。

大略明白了梁氏《妙高台》诗的微意，就可以再回过头，讨论冒效鲁写梁氏的那首诗了。

冒诗没用什么僻典，"广陵散绝"用嵇康被祸事，"北海樽空"用孔融好客事，"抉眼城门"用伍子胥预言吴国灭亡事，这些当然都是指梁鸿志生平的行事而言，并不难理解。但有一些问题还需要说明一下。

首先是"与人家国"的词义问题。此语在前人只是常语，但至今语境悬隔，似乎已不易把握其所指。我偶尔留意到几个近人的用例：

> 宋以来，士夫好名，致误人家国事。（《清史稿·郭嵩焘传》引郭嵩焘语）
>
> 朝廷用人固当各尽其材，而与人国家事者，尤宜量而后入也。（张相文《沱谷笔谈》卷二《吴清卿》，收入《南园丛稿》，中国地学会 1929 年版）
>
> 彼与人家国，谋人军师，分宜握节死绥，致命遂志者，反腆颜而偷生，甚或作桀犬之吠，卖主媚敌以冀荣者，何可胜道。（孙雄《昆明湖曲（吊海宁王君静安）》序，《旧京诗存》卷六，民国刊本）
>
> 与人家国事，书空徒咄咄。（郑孝胥《海藏楼诗》卷十，收入《海藏楼诗集》，上海古籍出版社 2003 年版）
>
> 张南皮诗与常熟字，各有千秋。二公瓣香，同属东坡，惜晚节与人家国事耳。（钱仲联《梦苕盦诗话》之五三，《民国诗话丛编》第六册，上海书店出版社 2002 年版）

玩味以上诸例，大抵就是参与国事的意思，只是多少有些事不关己的中立态度。

此外就是诗语中涉及的"今典"问题。

关于"北海樽空"，早年追随梁鸿志的陈器伯（原名道量）回忆：

> 抗日战争前，梁再度居沪，在毕勋路买下一所花园洋房，此居林木蔚翳，有城市山林之致。梁在新宅招致一班骚人墨客，赋诗作画，兼赏古玩……（《梁鸿志与伪维新政府》，《汪伪群奸祸国纪实》，中国文史出版社1993年版）

这应当就是梁氏"座上客常满，樽中酒不空"的现实背景了。

又，同是闽人的曾克耑论及梁氏时有言：

> 他和我家是世交，民廿四年间我在上海中央银行，我们同石遗先生师、夏剑丞、冒鹤亭、林庚白、林贻书和他尝有文酒之会，真是议论风生，无他不欢……（《论闽诗派》，《颂橘庐丛稿》，台北新文丰出版公司1981年版，第六册第1443页）

这又可见梁氏在饭局上的作风。

至于"抉眼城门"，意义显豁，自然是指梁早就不看好蒋介石政权。关于梁与蒋的关系，陈器伯提到一个传闻：

"七七"事变前夕，蒋介石曾电邀梁上庐山晤谈，梁欣然前往，以为蒋有倚重之意，但结果废然而返。事后据闻当时戴传贤也在庐山，梁谒蒋辞出，戴入内问蒋："梁鸿志怎么样？"蒋微笑说："小政客，没有什么作为。"这句话传到梁的耳边，梁立即下山，从此恨蒋入骨（后来梁拼凑伪组织时，即时时把"亲日反蒋"挂在嘴边）。（《梁鸿志与伪维新政府》）

可是，即便此事属实，但梁毕竟是搞政治的人，不可能仅因私交之好恶，就作出攸关出处的政治抉择。事实上，梁后来在临刑前，还专门给蒋写了信，申论国是，并有自明之意（金雄白《汪政权的开场与收场》第四册，香港春秋杂志社1961年版，第46页；陈器伯《梁鸿志与伪维新政府》），如他"恨蒋入骨"，似不必多此一举吧。我想，梁之不惜"落水"，选择与日本占领军合作，固然有政治党派和私人交谊的因素，但主要仍基于他对政局的观察，说到底，就是他对抗战形势不抱乐观，也对蒋政权不抱信心。

　　说到这里，还应当讨论一事。梁鸿志之被处决，是在1946年11月间，如此，冒效鲁写于"距君之亡三年矣"的这首诗，《叔子诗稿》再版系于1948年，仍未契合；宋希於以为应系于1949年为宜，我觉得是恰当的。时事背景的因素，也可作为有力的旁证：淮海战役是1949年年初结束的，至此国民党主力尽失，败局已现；蒋介石随之在1月下旬宣布"引退"，并回到溪口，在幕后遥控政局，直到中共军队在 4 月间横渡长江，他才离开。在此期间，妙高台甚至成了蒋的临时指挥部，隐然为一时之权力中枢。所以曹聚仁后来回忆他到溪口一游时说：

> 友人指点我们看那妙高台居室中的什物，想见当年冠盖云集，政治巨头，促膝谈心，一语一动，都和中国军政，息息相关。在秀丽风物中，孕育着谋国大计，在新闻眼中，自有一种看法。（《溪口之行》，《我与我的世界》下册，北岳文艺出版社 2001 年版）

只有到了这个时候，蒋政权已近途穷，梁鸿志的"抉眼城门"才谈得上应验，而冒诗自注的"读集中妙高台五古，有感于今日之事"云云，才能得到顺理成章的解释——他是读到梁氏当年的刺蒋诗，所以很自然地联想到蒋家王朝的"今日之事"啊。并且有可能，他还从当日诗笔风流中的妙高台，联想到此时政治风云中的妙高台吧。

是不是冒氏担心此诗惹祸，但又不愿删没，才故弄狡狯，改易了年份，以掩饰其迹呢？

附带一提，梁氏在自己的诗中也用过伍子胥这个熟典：

> 盟心江水身终隐，抉目城门事可哀。千古男儿王介甫，眼中蜀洛尽庸才。（《眼中》，《爱居阁诗》卷二）

> 收骨久无人，国破遑问家。城门眼虽验，愁见孺妻鬒。

则冒效鲁以此典形容梁氏，真可谓"亦使后人而复哀后人"了。

需要探讨的，还有"脱身复壁"一句。所谓"复壁"，即墙的夹层，古时可用以藏身。如刘聪、宋希於两君已指出的，此句应指国民政府接收南京伪政权后，梁鸿志一度逃脱（"脱身"）而隐匿（"复壁"）的事。但我认为还有更深一重意思，或者说，有更具体的所指。关于此事，恐怕以金雄白——他是梁氏被捕后在上海提篮桥监狱的"难友"——所记最多最详。金氏写道：

> 梁鸿志开庭后回来告诉我说："我这次被逮，生命不足惜，毁家无所憾，但有两事将永不能释然于怀。第一、拘捕他的人却是他所提携的'维新政府'的部属……"（《汪政权的开场与收场》第三册，香港春秋杂志社 1960 年版，第 87 页。类似的记述又见《汪政权的开场与收场》第四册，春秋杂志社 1961 年版，第 41 页）

那么，这个令梁氏"永不能释然于怀"的人是谁呢？金雄白在其他地方说得更为直接：

> 梁鸿志在入狱以后，对其当前的遭遇，一再表示有两遗憾，他认为：第一，即使他叛国有罪，人人得而捕之，但不应出之于他的直属部下"维新政府军政部部长"的任

援道。为了邀功，就处心积虑地百计追踪，以完成他卖友求荣的心愿……（《梁鸿志博闻强记》，《江山人物》，香港星岛出版社 1983 年版。类似的记述又见《梁鸿志死前两憾事——细说汪伪之一章》，台北《传记文学》第六十五卷第二期）

关于梁氏被捕的经过，以及任援道在其中的角色，金氏前后有详简轻重不同的回忆（《汪政权的开场与收场》第二册，香港春秋杂志社 1959 年版，第 28 页；《汪政权的开场与收场》第四册，第 34—36 页；《梁鸿志狱中遗书与遗诗》，《汪政权的开场与收场》第六册，香港春秋杂志社 1971 年版；《梁鸿志死前两憾事——细说汪伪之一章》），兹不一一赘述；但可以肯定，至少在梁鸿志自己的心目中，任是他被捕一事的"首恶"。

任援道作为伪政府旧人，在战后为国民政府待罪效命，自是当时能干预梁氏命运的有力者。但还有次要的其他人物，金雄白即提到梁被其侄婿告密（《汪政权的开场与收场》第四册，第 35 页）。关于此事，汪伪时期任职银行业的孙耀东——他跟梁鸿志亦有同"监"之谊——回忆得更详细：

黄秋岳有个弟弟名黄溥（字竹生）。梁鸿志因佩服黄秋岳而把亲侄女嫁给黄竹生。黄秋岳被枪毙后就更加呵护、提拔他，曾任其为局长，并把他推荐给任援道。……有一天梁鸿志对我说："要不是黄竹生，我何至于此！"原来他有两个姨太太（原配夫人在福建老家），小的姨太太娘家在苏州乡下。日本人投降后，他们就藏匿在那儿，与外界只保持一条联络线，那是黄竹生夫妇。这时军统向任援道要梁鸿志，任援道嘱黄竹生一定要交出来。他算是找对了人。黄竹生岂敢不交？（《1945年的楚园与楚囚》，宋路霞整理《浮世万象》，上海教育出版社2004年版）

关于任援道和梁的侄女、侄婿，梁本人在给女儿梁文若的遗书中也有交待：

> 去秋狱事将起，我避地吴阊（按为苏州）城外，惟慧（其第二姬人慧真）、意（第三人意真）两太太知之。吾家枭獍（按指其侄女星若，实为秋岳之弟竹生之妇），误听人言，以为我不出头，则累其夫婿。于是勾结我旧部（按指任援道）及其副官偕往。吾秘居既已不密，只得归案。（据《梁鸿志狱中遗书与遗诗》引录，括号内的按语系金雄白手笔）

在这里，金氏以为"吾家枭獍"系指梁的侄女，跟前述的侄婿告密一说，仍是一回事。

至此，知道了梁鸿志因被亲旧出卖而被捕的细节，冒诗"脱身复壁恨难平"的"恨难平"三字，才算完全落实。不过，任援道的所为，金雄白、孙耀东都是在狱中亲闻当事人之言才得知的，在狱外的冒效鲁倒未必清楚，故冒诗的具体所指，更可能要落实到梁的侄婿身上。

冒效鲁这首诗，由读《爱居阁诗》而作，但就其内涵来说，不如说是他为梁氏而作的挽诗。

由于考掘冒诗的缘故，我还陆续留意到其他诗界名流对梁氏之死的哀挽，以其多涉隐秘，今亦叙录于此，于其大旨略作诠释，以存掌故。

第一个应当讨论的，是赵尊岳（字叔雍），因为他也是伪府中人，系狱时一度为梁氏的"难友"，并与梁多有唱和。其集中丙戌年（1946）今存《送春》及叠韵八首，与梁诗《落晖次叔雍韵》、《次和狱居春暮》、《狱中骤热三次前韵》、《晨起四次前韵》、《雨中五叠韵》、《狱述寄内六叠韵》、《闱人饷沸水一瓶，始得茗饮，盖二十日未尝此味矣。九叠前韵》、《楼居十叠前韵》对应，又有《和人送春韵》及叠韵五首，与梁诗《狱中送春索叔雍同作》、《四月一日雨中午睡叠前韵》对应，即二人唱和之迹（赵诗见《高梧轩诗》卷四，《高梧轩诗全集》，自刊本；梁诗见《梁鸿志狱中遗书与遗诗》）。同年岁末，赵有《挽章》五古四首，应即挽梁之作，诗如下：

交亲二十年，辙迹共四海。一楼逾百日，荷校坐相待。世人虽惊鄙，反躬曾不悔。巨浪惊天时，砥柱甘坐罪。以此责吾曹，吾意自有在。

君辩教仪秦，君才视管葛。沈机庶上智，阔度亦豁达。惜哉时数奇，丧乱事难遏。强欲致太平，陷阱不自拔。千秋碧血殷，巾泪共一撮。

平生溯歌酒，意气自殊胜。屏山孔雀闲，篇什每酬赠。朅来共晨夕，媚学友佳兴。忽焉白日迈，珠玉断笙磬。坐使秋虫吟，凄其泣清听。

惊聞〈闻〉服上刑，策杖方病起。得诵君遗言，论政直如矢。犹似读君诗，词旨尽流美。神完气自充，谁信杀一士。嗟彼中兴年，坐惜黄钟毁。(《高梧轩诗》卷四)

所谓“一楼逾百日，荷校坐相待”，当指作者与梁同囚一处而言，“荷校”即坐罪戴枷之意。其他诗语多甚直白，不待细表。

其次是梁氏同辈的好友李宣龚。同样是在1946年底，李有七绝《感事四首》：

欲遗巫阳叩九阍，已逢天醉复奚言。平生出口多芒刺，到此才知牍背尊。

退之毕竟亲刘柳，白傅王涯有短辞。何处青山堪独往，稍留忠厚慰相知。

啜泣灵床痛两妃，恩牛怨李已忘机。玉鱼枉作衣冠殉，半臂人间有是非。

遗臭流芳等可哀，救人从井惜诗才。剧怜祖本三山志，未取光芒出世回。(《硕果亭诗续》卷三，收入《李宣龚诗文集》)

第一首为梁氏鸣屈，并谓梁氏平日言谈刻薄，易招人怨；第二首既以韩愈与刘禹锡、柳宗元相亲为比，复以白居易与王涯相恶为比，似谓自己跟梁氏有交谊，也有抵牾，但故人一死，毕竟可哀，不宜效白居易，在王涯遭横祸时幸灾乐祸地吟咏"当君白首同归日，是我青山独往时"。这两首都近于泛泛而言，而第三、第四首则隐含特别的本事，需要专门细究一下。

梁鸿志一生，元配之外，有过不少姬妾，但生前最重要的是赵慧真、丁慧贞两位姨太太（连城《梁鸿志生前死后》，《子曰丛刊》第一辑，民国 37 年）；想必也就是前引梁氏遗书中的"慧（其第二姬人慧真）、意（第三人意真）两太太"，只是后者的名字有错讹。——此当即李诗第三首"啜泣灵床痛两妃"之"两妃"了。第三句的"玉鱼"，多指殉葬物，不算罕见，但在此处可能尚有"今典"。梁在给家属的遗嘱中特别说明：

> 死后速来收尸，并盼丧事不要铺张。附玉鱼一只，以为殡葬之用，物虽小而表不忘师之意也。（据朱金元、陈祖恩《汪伪受审纪实》之六"梁鸿志上海受刑"，浙江人民出版社 1988 年版；张劲编著《审讯汪伪十汉奸》之六"梁鸿志强作风雅终日唱吟"，江苏古籍出版社 1998 年版）

为什么说"表不忘师之意"呢？原来，这只玉鱼是有来历的。金雄白记述梁氏在临刑前写遗言的情形有云：

> 梁鸿志向庭上颔首表示知道了，坐向桌边的椅上，把袋里的手表等杂物，一一取出来放到桌上，特别把他会试

时房师龚心钊送给他随身佩带的一样玉器，摩挲了一下，继以一声叹息，就代案作书。（《汪政权的开场与收场》第四册，第46页）

这个随葬的"玉鱼"，自然就是龚心钊所赠的玉器了。再看第四句，"半臂"原指短袖小衣，在此可能用宋人宋祁（字子京）对姬妾不敢厚此薄彼的逸事：

> ……多内宠，后庭曳罗绮者甚众。尝宴于锦江，偶微寒，命取半臂，诸婢各送一枚，凡十余枚皆至。子京视之茫然，恐有厚薄之嫌，竟不敢服，忍冷而归。（魏泰《东轩笔录》卷十五）

这样，"半臂人间有是非"似是指梁氏身后的家庭矛盾：大约因为遗产问题，当时梁的原配之女告发两位姨太太隐没了应没收的"逆产"，引发了一场"逆产风波"（见连城《梁鸿志生前死后》）。

第四首末两句意思不甚明白，但所谓"祖本三山志"，宜指南宋梁克家——梁鸿志的远祖——关于福州的地方志著作《淳熙三山志》，由此恰可确证，李氏此题必为挽梁无疑。

再看章士钊。章有七律《酬陈道量惠爱居阁集》（此陈道量即前述的陈器伯）：

投我江南精椠书，此书当日价何如？事同狙食迷三四，人忘禽言吐众诸。黏刻略同林颖叔（名寿图，爱居外王父），功名漫拟管夷吾。怜才我辈宁须说，世恐惩狂竟废儒。（见汪辟疆《光宣以来诗坛旁记·爱居阁》，《汪辟疆文集》，上海古籍出版社 1988 年版。按：此诗陈书良编校《章士钊诗词集》[湖南人民出版社 2009 年版]、星桦辑《孤桐韵语·拾遗集》[自刊本]似皆未见）

复有七绝《题爱居阁诗集七首》：

刻意雕镌便匪躬，忧时费泪句能工。平生自爱趋钟鼓，虚托高名说避风。

光宣韵事不关吾，晚学吾还后达夫。却见白登诗意苦，卢谌气力愧无余。

大树蚍蜉事可伤，钱吴江左等苍黄。饶他断代攻携贰，转眼何人较短长。

一官金判泯穷通（集中有"一官金判无高论"之句），随地看花本自雄。错认美名无不可，强将任昉作萧公。

书生作贼古无成，开府江关更失名（集有"开府江关非赋手"之句）。赋手忽然成负手，故应八表妄经营（"当年八表经营地，负手看天泪雨零"，本《过东城有感》句）。

也曾著意到灰钉（集有"灰钉今已廿生迟"之句），几度看天泪雨零。我许情同哀郢客（《庚辰初度》有"今朝合

102

哀郢"之句），从容绝笔抵扬舲（？）。

肝下曾无奏事臣，舆尸未遇黑昆仑。海东神鸟偷开眼，
定见重泉永诀人。（《孤桐近诗》，《中央日报》1946 年 12 月 18 日；
参星桦辑《孤桐韵语·补遗集》。此题最早承星桦［朱铭］告示，特
此感谢）

章氏此二题，写作时日估计相去不远，且应在梁氏被刑前后。
章与梁年岁相若，既是北洋政府的同僚，又是旧文学传统的同
志，交游皆广，有交集是很自然的事。沦陷初期，梁鸿志筹建
"维新政府"，曾劝章氏加入，为章谢绝；但章对伪府中人却颇
有同情，据说曾表示"自由区无伪官，沦陷区无汉奸"（蔡德金
编注《周佛海日记全编》，中国文联出版社 2003 年版，下册第
1086 页），后来审判梁氏时，他更是辩护律师之一。章诗对梁
虽有指摘，更以"书生作贼"谥其人，但毕竟是有哀悼之意的，
在当时能公开发表，恐怕是孤例吧。章诗遣词颇为雅僻，不易
确解，而且涉事杂多，也难兼及，这里就不具体分析了。
　　曾参与伪满洲国的遗老陈曾寿，1946 年底也有一首七律《感
近事作》：

解叹秦人不自哀，如何甘自陷囹媒。后车客载偏饶兴，
上堵吟成只费才。孔雀岂如牛有角，濡须竟与豕俱灰。同
归诗侣齐名者，有似青山独往来。（《苍虬阁诗续集》卷下，收
入《苍虬阁诗集》，上海古籍出版社 2009 年版）

我看这也是因梁氏被祸而作的，为什么呢？且来看看梁鸿志相当有名的一首《佳日》：

> 抛却文书即酒杯，骎骎佳日去难回。身疑春蚕重重缚，心似劳薪寸寸灰。阶下弓刀类儿戏，眼中幢节几人才。鞭笞六国寻常事，只惜秦人不自哀。（《爰居阁诗续》，民国刊本。**按**：据说此诗在当时流传甚广，远及于大后方的报章，甚至后来审判时，梁的律师也援引此诗为其缓颊［见黄萍荪《梁鸿志二三事》，收入《汪伪群奸祸国纪实》］）

此诗作于己卯年（1939）旧历九月间，此时汪精卫已在日本人的支持下来到沦陷区，筹建新的"中央政府"，原"维新政府"将被取而代之，其首脑梁鸿志也就等于靠边站，故梁诗中既有隐退之心，也有讥嘲之意。末两句"鞭笞六国寻常事，只惜秦人不自哀"，似乎是以"鞭笞六国"的"秦人"喻指推翻北洋政权的国民党势力；因为当时无论是重庆的蒋介石，还是南京的汪精卫，都是打着国民党的旗号，则所谓"秦人不自哀"，或即表示梁对蒋、汪政权都不看好。这样我们就明白，陈曾寿诗的"解叹秦人不自哀，如何甘自陷囚煤"云云，正宜针对梁氏其人其诗而发。陈诗中间两联多有典据，在此亦不细究。至于末尾的"同归诗侣齐名者"，必是指与梁氏同门同命的黄秋岳了。

前述诸家之什，都作于梁鸿志赴刑未久的时候，后来续有所作的，除了冒效鲁，还有同样涉足汪伪政权的陈方恪。宋希於已引录过陈方恪的《题爱居阁诗集后》，兹再录其文如下：

> 去秋旅沪，一巳冒孝鲁见访，出读爱居阁集书后诗相视。余与爱居交最久，知之弥稔。论者类以其诗可传，人则伤于局度褊狭，用世之念太急，功利贡高之心牢固于中，不能自拔，其罹祸已固宜。余顾不能有以非之。惟观其临命之际，赋诗不迫，掷笔就刑，苟非素养有自，天怀澹定者，未易臻此。因坐赋一律，孝鲁见之曰："子诚不失忠厚，吾辈有愧色矣。"余曰：'忠厚则吾岂敢，亦性情沆露不能自已耳。"至末句以周忠介事相喻者，只断章取义，读者毋以词害意可也。

陈氏此跋作于庚寅年（1950）夏，则其诗自然是作于1949年秋——这也间接证明，前录冒效鲁那首诗，也应作于此年稍早为宜。陈诗云：

> 亦因人患抑天齐，同异元难世论齐。祸乱不常诗总好，交期如在意为凄。杀身毕竟真名士，行己终疑副品题。要是知君容未尽，请看掷笔小云栖。（以上诗、跋皆见汪辟疆《光宣以来诗坛旁记·爱居阁》；诗收入陈氏遗稿《屯云馆行卷》，见潘益民辑注《陈方恪诗词集》[江西人民出版社2007年版，第95—96页]）

陈氏在跋文中特意提到，诗的末两句是用明朝周顺昌（谥忠介）被捕时为寺僧题"小云栖"匾额事，比拟梁鸿志临难从容的风度。至于"杀身毕竟真名士"一句，简直算得上掷地有声，真可以作为梁鸿志的最佳谥语了。

此外，卢前在丁亥年（1947）写了一首七律《忆甲戌秋，与梁（鸿志）黄（濬）、李（宣倜）同游后湖，梁有句云："滇渤年来一半输，浅濠单舸着吾徒。卢生倚醉矜豪语，准备他年主此湖。"不三年，而卢沟变作，黄既伏法，梁亦叛国，幸九年龙战，终获收京。余从亡万里，得庆生还。顷文伯招寻置酒，重至湖上，小艇夷犹，感而有作》：

> 天放卢生未老归，湖山依旧半芳菲。当时不受黄粱枕，十载重敲白板扉。失著楚齐空堕劫，能收滇渤愿无违。即今始信非豪语，夕照菱洲柳臂肥。（《卢前诗词曲选·旧体诗选》，中华书局 2006 年版，第 101 页）

卢诗主要是为梁鸿志而发的，"失著楚齐空堕劫"系以南宋初的伪楚（张邦昌）、伪齐（刘豫）政权比拟梁鸿志主导的"维新政府"，"能收滇渤愿无违"则是回应梁诗的"滇渤年来一半输"之语。因此，此诗虽非哀挽之作，但却可以说，是卢前以"政治正确"的方式寄托了对故友的一点回忆。

以上诸人，与梁的交情各有深浅，对梁的忆念也各有轻重，其诗未必都是真正的悼诗，但我想，也不妨视之为悼诗的。梁鸿志其人的是非功罪，属于"公"的问题，在此且置不论；而就"私"的方面来说，伍毕竟是一代名士，在文化史上自有痕迹，人往风微，也应该有几个"世人皆欲杀，吾意独怜才"的人，有几个"敢抚哭叛徒的吊客"吧？

附记：

为按期交稿，撰文时未及见刘聪君的论述，今阅其《叔子诗发微》一文（《东方早报·上海书评》2014 年 7 月 27 日），于梁鸿志诗讥刺蒋介石之隐，亦已明白揭示，对梁诗的理解也与我颇为接近，唯对冒孝鲁诗的解释则有异。我以为，"独断之学"宜尽量求异，"考索之功"则难免趋同，考虑到我论证的过程更仔细，辑录的材料也较丰富，作为掌故，仍不妨发表于此。然则"逐队随人，而为牛后"之讥，则不敢辞。

此外，近人诗词涉及妙高台者，我所知见的还有一些，以不涉题旨，姑录其篇目于后，以供有心人参考：

黄群《除夕渡雪窦，呈同游诸君》（《黄群集》卷七，上海社会科学院出版社 2003 年版）

陈叔通《游雪窦同放园、黄溯初》（《百梅书屋诗存》，中华书局 1986 年版）

叶恭绰《重阳日妙高台会集》（《遐庵汇稿》第二辑中

编·诗，1946 年刊本。按：佟绍弼有和作《次韵遐庵题妙高台登高图》，《腊斋诗集》，广州诗社丛书）

陈定山《一尊红·题千丈岩》（《十年诗卷·定山词合刊》，台北正中书局 1967 年版）

居正《溪口即事》二首（《居正文集》，华中师范大学出版社 1989 年版）

赵朴初《妙高台》（《赵朴初韵文集》卷七，上海古籍出版社 2003 年版）

（原刊《掌故》第一集，中华书局 2016 年版）

梁鸿志 "三十三宋" 钩沉

梁鸿志是只活在传奇里的人物。

作为北洋官僚的余裔，他跟不少同时代的名流一般，身上保留着传统士大夫的素养和作风，精于诗文，深于学问，喜藏鉴，好声色；可是，由于他的"汉奸"身份，其《爱居阁诗》及《诗续》罕有流布；他曾在刊物上陆续连载过札记《爱居阁脞谈》，但数量未多，更未结集成书——不像与他同门同命的黄秋岳那样，身后有厚厚一册《花随人圣盦摭忆》传世。因此，世人之于其人，纵闻其名，亦不知其文。他只是个传说。

而我在此，只想谈谈梁鸿志传说的传说——仅限于收藏一道，而且仅限于"三十三宋"一事。

梁的"三十三宋"，颇为知者艳称，大凡述其生平，多会涉及。所谓"三十三宋"，顾名思义，即三十三件宋人手迹。五十年代后流寓香港的收藏家朱朴（省斋）说过：

生平所见宋人书法名迹，私人收藏中，自以梁氏爱居阁旧藏之'三十三宋'册为甲观；至于公家收藏，则当然要推故宫博物院（按：指台北故宫博物院）所藏之"宋贤书翰"册为第一了。（《记"宋贤书翰"册》，《画人画事》，香港中国书画出版社1962年版）

身为梁的乘龙快婿，朱朴的话自然是有分量的。

今人谈收藏，似乎喜欢说"专题收藏"，而从专题收藏的角度来说，"三十三宋"自是高不可攀的。试看书画和鉴藏大家吴湖帆，曾集有《清代七十二状元书箑册》，已堪称高品位的专题收藏（见苏州博物馆编著《苏州博物馆藏清代七十二状元扇》，文物出版社2006年版）；但若跟"三十三宋"一比，仍未免寒伧，真如屌丝遇上高富帅了。

不过，凡言及"三十三宋"者，多甚简略，甚而多有讹误。如身属梁氏"朋友圈"的陈器伯（寥士）回忆：

抗日战争前，梁再度居沪，在毕勋路买下一所巨丽的花园洋房，林木蔚翳，有城市山林之致。梁在新宅招致一班骚人墨客，赋诗论画，兼赏古玩，因藏得36件宋代古物，故又自称"三十六宋斋主"。（《梁鸿志与伪维新政府》，《汪伪群奸祸国纪实》，中国文史出版社1993年版；又载《江苏文史资料集粹·综合卷》，江苏文史资料编辑部1995年版）

但就连陈器伯，也将"三十三宋"误为"三十六宋"了。又如沦陷时期供职汪伪银行界的孙曜东曾说：

> 梁鸿志谁都看不起，他曾以诗文称雄文坛，古文底子很厚，曾收藏了宋代人的 33 封信，其中包括苏轼的信，故名其书斋为"三十三宋斋"……（《说不尽的梅兰芳》，宋路霞整理《浮世万象》，上海教育出版社 2004 年版）

所谓"33 封信"，恐怕也不可靠，"三十三宋"应当都是手迹，但未必都是书信。不过，由他们所闻所述，我们仍可相信，梁曾以"三十宋斋"为其室名。

以一人之力荟集如此多的宋迹，未必没有伪品。曾随叶恭绰参与梁氏饭局的黄萍荪说：

> 酒酣耳热之时，客人们怂恿梁出示传家宝以一饱在座眼福。梁欣然上楼捧了下来，原来所谓传家宝乃是 33 位宋名家手书（梁自称"价值连城"）。后生们于此道是外行，难辨真伪，但见名鉴赏家的图章累累而已。……据说，曾有日本行家愿出 50 条金条要梁割爱，梁一口咬定非百数莫言；但事后叶恭绰曾说，"名家手书"云云，实除东坡一页可信外，余皆存疑。（《梁鸿志二三事》，《汪伪群奸祸国纪实》；又载《中华文史资料文库》第十一卷《军政人物编》，中国文史出版社 1996 年版）

叶恭绰在藏鉴上的经验和能力无可怀疑，但他即便真的私下"踩"过梁鸿志，也未必没有"羡慕嫉妒恨"的成分吧。

抗战后梁氏系狱，入罪，以至被祸，"三十三宋"一时不知所踪。关于梁本人当时所得的信息，以同狱的金雄白所记最多，也最详：

> 原"维新政府"旧人中，搜罗古代书籍字画最多的，要推陈群、梁鸿志两人。……梁鸿志一生收购不少宋代字画，以及古版孤本，平时摩挲展玩，爱不忍释。一声胜利，其家人想寄藏他处，而为他所阻止，他说："我无事，这东西将来还是我的；否则一经搬迁，即易散失，即使由别人拿去，还是让它留个完完整整的吧！"所以全部珍藏，还是好好地放在上海毕勋路他的家里。谁料梁鸿志避匿苏垣，尚未被逮，忠义救国军陈默部队进驻，放在案头上的一幅苏东坡的真迹，立刻不翼而飞。许多宋明版的书籍，家人眼睁睁地望着兵士们已经用来拭秽了。在提篮桥狱中时，忽然一天把梁鸿志提审，原来在陈默家里发现了上面有梁名字的扇面，因此有劳法院查问，似乎陈默还因此被羁押过一时。梁鸿志开庭后回来告诉我说："我这次被逮，生命不足惜，毁家无所憾，但有两事将永不能释然于怀。……像苏东坡墨迹那样的稀有国宝，而竟落入于武夫之手。"
>
> （《汪政权的开场与收场》第三册，香港春秋杂志社1960年版，第87

页。类似记述参见《汪政权的开场与收场》第四册，春秋杂志社
1961年版，第41页；《梁鸿志死前两憾事——细说汪伪之一章》，台
湾《传记文学》第六十五卷第二期；《梁鸿志博闻强记》，《江山人
物》，香港星岛出版社1933年版）

这里说的"让它留个完完整整的"，主要即针对"三十三宋"而
言，因为作者在别处有同事异词：

> 在"维新政府"诸人中，他与陈群两人搜罗古物最
> 富……至于梁鸿志阴购得若干宋明版本，与珍本、孤本，
> 以及抄本外，更有宋代字画三十三幅，因以名其斋曰"三
> 十三宋"。当他走避苏州以前，坚嘱家人不许携置他处，深
> 恐一经搬动，难免散佚，他说："我无事，仍为我有；我不
> 免，则籍没归官，仍求完整。"不料在接收之初，即已被搜
> 劫一空，最后真由政府接收的，早已所剩无几。（《汪政权的
> 开场与收场》第四册，第34页）

不过，或因当时内外隔绝，传闻失实，或因后来时过境迁，记
忆变形，金雄白的说辞虽非空穴来风，却几近颠倒事实。
郑振铎1957年12月16日有这样的日记：

> 十一时许，到紫光阁（按：今在中南海）武成殿，看梁氏
> 妾丁捐献的三十一通宋人尺牍，其中以辛稼轩一通为白眉。

（陈福康整理《郑振铎日记全编》，山西古籍出版社 2006 年版，第589 页。按：此事由陈麦青先生拈出，见其《关于朱省斋》一文，收入《书物风雅》，中华书局 2013 年版）

由"梁氏妾丁捐献的三十一通宋人尺牍"云云，很容易联想到梁鸿志的"三十三宋"。同是在 1957 年，潘伯鹰有诗《三十三宋人法书册子藏于梁众异爱居阁。梁既见法，其姬人丁氏以献公家，而章行严丈实始终之。行丈有诗，奉同》：

> 锦函朱记杂行书，两宋人才俨接裾。绿绶夸曾钟鼓缞，玄珠护自狴犴余。试凭一诺千金际，追想三生十索初。惟有丈人生死谊，直从亡质溯知鱼。（《玄隐庐诗》卷十，黄山书社 2009 年版。按：第四句"狴犴"代指监狱，第五句"一诺千金"当谓梁氏挥金购藏，第六句"十索"借用隋代歌伎丁六娘《十索》诗，扣紧梁妾丁氏）

以潘的诗题与郑的日记相印证，所述当是同一事，则"梁氏妾丁"即梁鸿志的"姬人丁氏"。可是，潘从章士钊（行严）那里得来的名目是"三十三宋人法书"，仍是梁氏之旧，而郑所记的却是"三十一通宋人尺牍"，应以何者为是呢？考虑到郑时任文物局局长，又系当天日记，其记录或较潘的转述更为可靠，我觉得可暂时接受"三十一通"之说。总之，在梁氏身后，其原藏的"三十三宋"并未散出，至多只是稍有遗佚。

根据潘伯鹰的诗，在捐献一事中，章士钊是很重要的参与者，这也不出情理之外。章与梁鸿志本是旧交，很推重他的诗才和学问，抗战后曾为他出庭辩护，60年代更长期收留他的遗腹女（据章含之《跨过厚厚的大红门》，文汇出版社2002年版，第314—315页）；此时他居间让丁姨太捐出"三十三宋"，恐怕不仅是为国宝的保存着想，也是为梁家的处境着想吧。

说到这里，还应当回过头来，看看40年代末期署名"连城"的一篇掌故文章。此文谈及梁鸿志身后的"逆产风波"时有云：

> 有一陈姓者代表张梁氏（梁鸿志的已嫁女儿），告发梁赵慧真及梁丁慧贞隐匿应该没收的逆产。所告发的事实根据着梁孝成生前写给他阿姊张梁氏的一封信，这封信里说到梁鸿志有金条四百多根，美金若干万元，古人名画及宋元版本书籍极多，均被赵丁二姨太隐匿。信中并特别强调书画中有价值连城的三十三宋名人手书墨宝一大册，内有王安石，苏东坡，辛家〈稼〉轩，岳珂等在内，本系故宫之物。……这三十三宋大册页中有一页辛弃疾的墨迹，曾在从前龙沐勋（按：龙榆生）所主办的《同声》月刊上用铜版影印过，梁鸿志的友人中见过这部册页的也颇不乏人，不能说是子虚乌有之词。……大概正当胜利之初，上海在极度混乱中，梁鸿志所收藏重要的书籍字画以及那一册三十三宋，或者已被捷足行登的同志们劫收了去，也未可知。

（《梁鸿志生前死后》，《子曰丛刊》第一辑，1948年）

我们现在既知道了丁姨太捐献的事，则证明"张梁氏"诉梁氏两位姨太隐匿包括"三十三宋"在内的财产，确非诬告。至于连城猜测"三十三宋"有可能为接收人员私下夺取，则与金雄白"被搜劫一空"的说辞不约而同——当时的"接收"成了"劫收"，乱象纷纭，故连城、金雄白才会有此怀疑或想象。

此外，朱朴在关于台北故宫所藏"宋贤书翰"一文里，还有一个注：

> 此文既刊之后，获悉"三十三宋"册已为北京故宫博物院所得，其中辛稼轩一页，且已于《文物精华》第一集刊出；特此附记，以志欣快。（《记"宋贤书翰"册》）

这样，不论是"三十三宋"，还是"三十一宋"，总之梁鸿志这份专题收藏的下落是清楚了。

接下来的问题："三十三宋"到底是啥三十三，具体包括了哪些宋人的手迹？

对于梁氏原藏册页，假若北京故宫仍保留其原状，或者只要存有捐献的档案，这个问题都不需要求解。但我于此，既无所闻，亦有所疑，姑仍辑录手头材料，略为稽考一二。

前引连城的文章有这样一句：

内有王安石，苏东坡，辛家〈稼〉轩、岳珂等在内，本系故宫之物。

又孙曜东说：

> ……他最为珍爱的《宋三十三名贤墨宝》（中有欧阳修、王安石、苏东坡、苏辙、曾巩、陆游等人的手迹），已成为戴笠的战利品……（《梁鸿志及其最后的几首诗》，《浮世万象》）

其中苏东坡一种，前引金雄白的回忆已提及——按他的说法，东坡手迹在战后接收时已为外人劫夺。另有辛弃疾一种，郑振铎、朱朴也都提及了，朱氏更谓手迹见于《文物精华》；据查检，当即赵万里《陆游、辛弃疾的手稿和其他著作》一文所介绍的"辛弃疾到官帖"（见《文物精华》[一]，文物出版社1959年版。按：此件今题"到官帖"，彩色图片见《故宫博物院藏文物珍品大系·宋代书法》，上海科学技术出版社、商务印书馆香港有限公司2001年版，第210—211页）——赵文同时介绍了"陆游自书成都感怀诗卷"，但应非梁氏旧藏，否则朱朴就应两人并提，而不是只及辛弃疾一人。

陈巨来作为艺坛后辈，曾与梁鸿志交往密切，有《记梁众异》一文，在回忆民国画家赵叔孺时也兼及梁氏：

辛疾自浙初去

國恩忽見冬

居詠之誠朝夕不替茅綠驅馳到官即專意潛捕日從事於兵車羽枚

閒　　　脛愆略之少眼

趑居之間缺然不講非敢懈怠當蒙

情亮此指吳會雲開未龜

合并此旌歉向坐以神馳

　　　右謹具

　　呈

宣教郎新除秘閣修撰權江南西路提點刑公事辛　弃疾　劄人

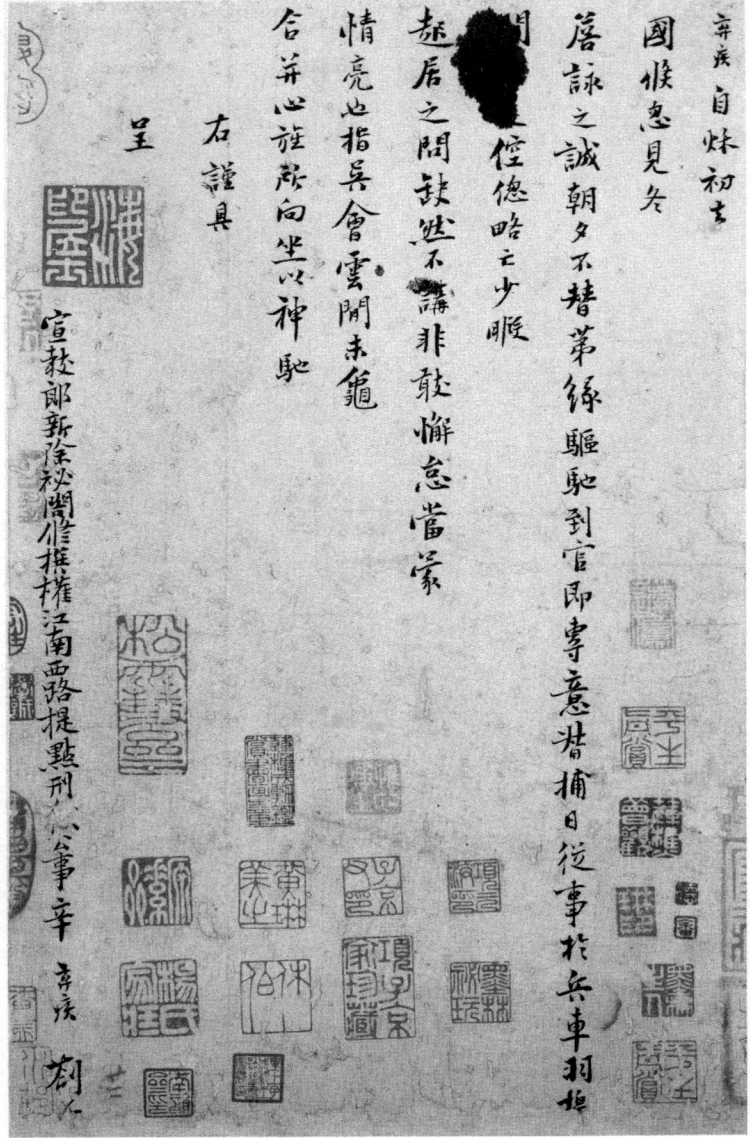

梁鸿志旧藏辛弃疾手迹

席后，梁氏并出示三十三页宋人墨迹求审定。余亦侍观，今只忆王安石、辛弃疾、岳珂三札矣，半山字至劣，辛亦平平，惟岳珂字特佳耳。岳珂之字，写作"*珂*"，据考据，宋时以上饬下之札签名例减笔也云云。（《赵叔孺先生轶事》，《安持人物琐忆》，上海书画出版社 2011 年版）

持此与连城所记对勘，则王安石、岳珂两种，亦可确定其有（按：故宫博物院今藏岳珂郡符帖，见《故宫博物院藏文物珍品大系·宋代书法》，第 184—185 页）。

除了以上四家，我还有点怀疑，是不是包括韩世忠之子韩彦直的一种？梁鸿志有诗《题韩蕲王翠微亭题名拓本》（《爰居阁诗》卷九，民国刊本），诗题自注引原拓云：

绍兴十二年，清凉居士韩世忠因过灵隐，登览形胜，得旧基建新亭，榜名翠微，以为游息之所，待好事者。三月五日男彦直书。（按：此迹今已不存，亦未见宋人著录，始见于乾隆年间丁敬《武林金石录》）

诗中更颇涉及韩世忠父子的书法问题：

磨厓彦直笔，佳儿异豚犬。六龄工擘窠，九重器瑚琏。（史称忠武子彦直、彦质、彦古，皆以才见用。又彦直年六岁时，即能为擘窠书，尝上殿拜御赐。）传家眉山法，典重

檜 符 攝 郡 伏 鹽 陰 檏 攝
神 所 所 欣 介
台 候 動 止 萬 福 可 比 者 卓 率 上 狀 旋 蒙
哭 咨 慰 懌 勾 已 字 文 兄 試 時 重 尚 荷
垂 應 寒 士 三 年 之 期 一 試 之 地 得 失 升 沉 之 所
繫 自 匪 石 言 宣
蒙 念 何 以 有 此 感 作 貽 不 容 聲 亟 此 叙 幾
謝 未 究 細 福 尚 須 詞 記 時 間 茂 幾
召 權 之 寵 龐

名 閣 中 貴 台 允
俞 宴 賞 表 均 休 祈
曉 尚 祈 此 有

右 謹 具

呈

韩世忠翠微亭题名拓本

非熟软。至今潭国书，旧官宝残茧。（忠武以绍兴十二年封潭国公。清宫旧藏忠武书札，笔法似苏长公。）战瘢余四指，柔翰无由展。岂类刘安成，捉刀恃姝妾。（忠武以累战负伤，两手仅余四指。又刘光世与岳武穆、张魏公题名严州乌石寺，刘不能书，命侍儿意真代之。姜尧章有诗曰："刘郎可是疏文墨，几点胭脂涴绿苔。"见《鹤林玉露》）

拓本在性质上已隔一层，自异于手迹，但也是宋迹之遗，梁氏投注于此的心意是无甚差别的，即令不宜归入"三十三宋"之列，至少可视为"三十三宋"的外编吧？不论如何，由梁氏此诗，也很可见他于宋人书迹的学识之深了。

另，龙榆生 1937 年有词《临江仙·爱居以手拓韩蕲王绍兴十二年翠微亭题名见示，率拈蕲王词韵赋之》（《忍寒词选》，《龙榆生词学论文集》，上海古籍出版社 1997 年版，第 552 页；《忍寒诗词歌词集》，复旦大学出版社 2012 年版，第 56—57 页）；陈方恪亦有诗《爱居阁主人属题韩蕲王西湖翠微亭石刻拓本》（潘益民辑注《陈方恪诗词集》，江西人民出版社 2007 年版，第 93 页）。皆缘此事而发，兹不具引。

还有一事值得述论。北宋蔡襄有"自书诗卷"手迹，清亡后自内府流出，曾为文博名家朱家溍之父朱文均（翼庵）珍藏，朱家溍述其后续谓：

先父逝世后，抗战期间我离家到重庆工作。家中因办

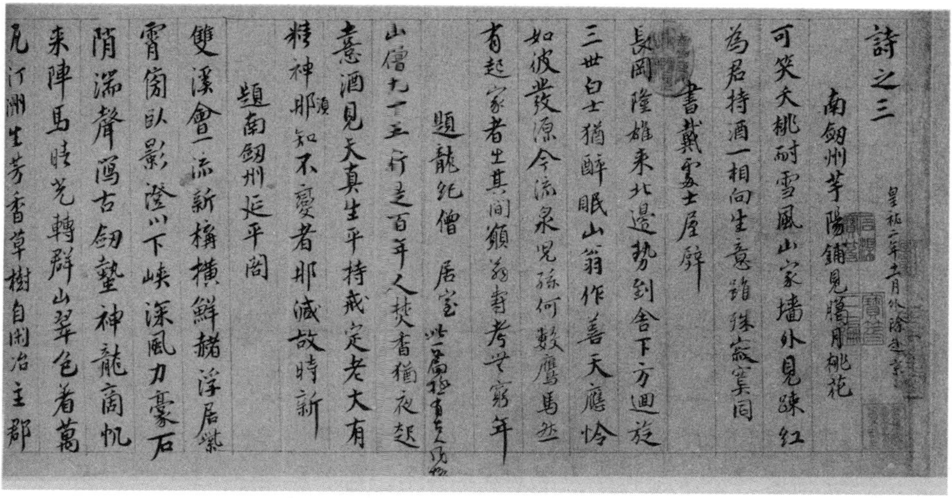

詩之三

南劍州芋陽鋪見臘月桃花

可笑夭桃耐雪風山家墻外見疎紅

為君持酒一相向生意踏殊寂寞同

書戴處士屋壁

長岡隆雄來北邊勢到舍下方迴旋

三世白士猶醉眠山翁作善天應怜

如彼發源今流泉兒孫何數鷹馬然

有起家者出其間須爲耆考無窮年

題龍紀僧 居宝

山僧九十三行走百年人焚香猶夜起

意酒見天真生平持戒定老大有

精神那須知不變者那滅故時新

題南劍州延平閣

雙溪會一流新構橫鮮赭浮居

霄窗臥影澄川下峽深風力豪石

隋湍聲落古劍蟄神龍商帆

來陣馬晴光轉群山翠色着[illegible]

[illegible]汀洲生芳香草樹自閑冶主郡

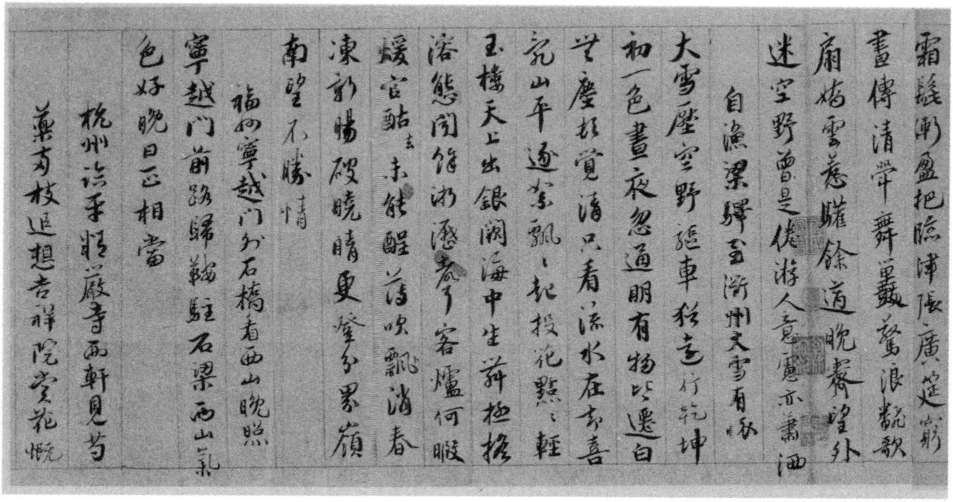

霜鬚衛盈把臨津張廣筵[illegible]

書傳清[illegible]舞[illegible]驚浪[illegible]

廟塔雲蔥矓餘道晚春望外

迷空野曾是倦游人意應亦蕭洒

自漁梁驛至衢州大雪有懷

大雪壓空野征車猶遠行乾坤

初一色晝夜忽通明有物皆遷白

無塵拟覺清只看流水在却喜

亂山平遠岸飄飄起投花點點輕

玉樓天上出銀闕海中生舞極

溶態閑俳洄遶香客爐何暇

煖宮醞未能醒薄吹飄消春

凍新暘破曉晴更登分界嶺

南望不勝情

福州寧越門外石橋看西山晚照

寧越門前路歸鞍駐石梁西山氣

色好晚日正相當

杭州治平精嚴寺西軒見芍

藥有枝退想吉祥院賞花慨

梁鸿志错过的蔡襄手迹（一）

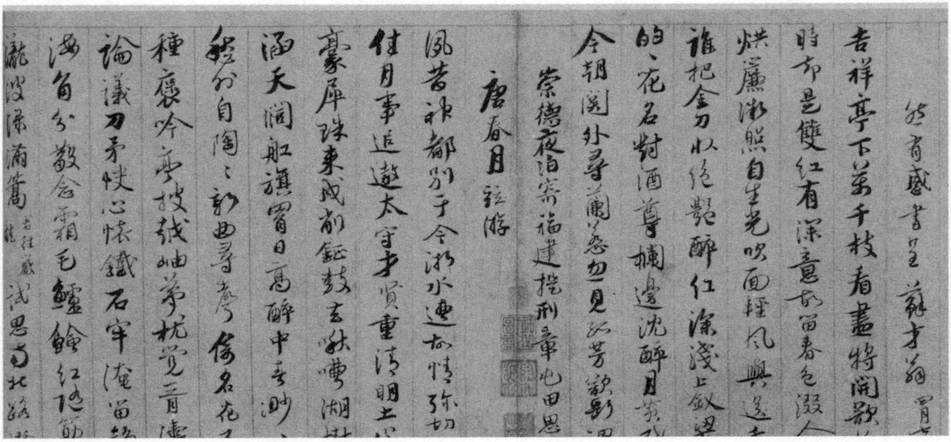

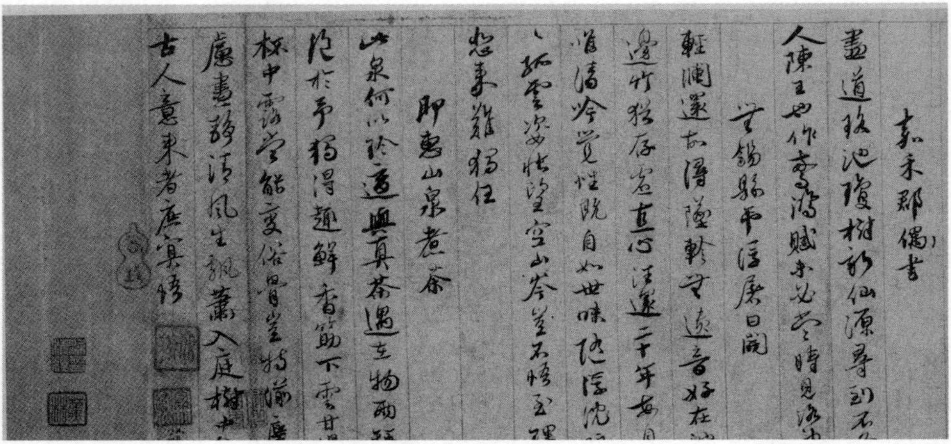

梁鸿志错过的蔡襄手迹（二）

理祖母丧事亟需用钱，傅沅叔世丈代将此帖作价 35000 元，由"惠古斋"柳春农经手让与张伯驹。此帖在我家收藏了二十余载；在张家十数载，随展子虔《游春图》、陆机《平复帖》等名迹一起捐献给国家。自此以后，蔡襄此帖便入藏故宫博物院。(《从日藏蔡襄〈自书诗卷〉谈起》,《故宫退食录》上册，北京出版社 1999 年版。此件彩色图片见《故宫博物院藏文物珍品大系·宋代书法》,第 24—27 页)

关于此事，得手的张伯驹后来也有忆述：

> 朱氏逝后，其嗣仍宝之不肯以让人。庚辰岁翼庵氏之原配逝世，其嗣以营葬费始出让，由惠古斋柳春农持来。时梁鸿志主南京伪政，势煊赫，欲收之，云已出价四万元。时物价虽涨，然亦值原币二万余元。而朱家索四万五千元，余即允之，遂归余。(《宋蔡忠惠君谟自书诗册》,署名"丛碧"，见张伯驹主编《春游琐谈》卷三)

此处张于梁鸿志不无贬词，意在合时，而未能免俗；若说梁"势煊赫"的话，那他出价更土豪，居然饿狼口中夺脆骨，又怎么说？另，此事孙曜东晚年也曾提及。在沦陷时，张伯驹到上海任事，被人假借汪伪特务机关抓捕，因有孙的帮忙才告脱身，遂有孙的如下回顾：

伯驹为了感谢我，拿出他的一件宝贝藏品：北京〈宋〉蔡襄自书诗册送给我。我怎么能收呢，那时他人刚回来，惊魂未定，最要紧的是要回北京去，离开上海这个是非之地，况且我知道，这部蔡氏诗册是他花 45000 块钱买下来的，当初是清宫秘藏，在溥仪未被赶出紫禁城时，就被太监偷出来卖了。萧山朱翼庵从地安门市肆购得。朱氏夫妇去世后，其后代为筹营葬费才卖出来。梁鸿志已出价 4 万元，伯驹出价 45000 元，终于收归己有。这样一份千年瑰宝，伯驹爱之尤深，我决不能夺人之所爱，遂坚拒之……

（《"大怪"张伯驹及其被绑票的真相》，《浮世万象》）

关于蔡襄诗册出售的价格，孙曜东之说与朱家溍有所出入，但其他细节大体契合，其所述似可信据。如此说来，梁鸿志也曾极为垂青蔡襄诗卷，"只因为在人群中多看了你一眼"，可终是擦身而过，未免有些遗憾，否则，他就可以将室名升级为"三十四宋斋"了！

自然，就梁氏的结局来看，"三十三宋"也罢，"三十四宋"也罢，总是过眼烟云，自身既难保，多此一"宋"，又何为者？而且，不论是梁氏原藏的"三十三宋"，还是张伯驹豪取的这件蔡襄，最后都分别捐给了故宫博物院，不是殊途同归了吗？

从梁鸿志的阅历看，其用力于收藏，当始于居京为官时，即北洋政府时代，至战后被处决，不超过三十余年，在时代，在个人，都只是片时春梦而已。可是，他以失败的政治家之身，而能坐拥"三十三宋"，终是私人收藏史上的壮观，也是名士史上的艳谈，赢得曾经拥有，留此流风余韵，也足可骄傲了。

补记：

近阅蔡登山先生《叛国者与"亲日"文人》（台北独立作家2015年版）一书，又得几条有关线索。其《"佳人做贼"的梁鸿志》一篇，引了经堂（朱朴）的《记爱居阁主人》，原文说道：

> ……那篇梁氏自撰的"爱居阁记"高悬在上首，和它遥遥相对的，是谭瓻斋所书的"三十三宋斋"一块匾额。后来我曾问起过梁氏关于"三十三宋"的意义，在我的揣测，以为不过和陆氏"皕宋楼"之类收藏着三十三种宋刻吧了。不料梁氏回答我的，却是三十三种宋人的书画手迹，这就不能不令人为之咋舌了。（原载《古今》杂志第三期，1942年5月）

此文我曾过眼，但后来已无印象。还有《朱朴与〈古今〉及其他》一篇引了沈鹏年的回忆，原文如下：

> 朱朴仍对梁特别尊重，不仅梁的国学根底深厚，更因

127

他是清代中丞、'江苏巡抚'梁章钜的后裔。梁章钜政绩、文名卓著，富于收藏。传到众异手里还拥有两宋（北宋和南宋）苏东坡、黄山谷、米南宫、董源、巨然、李唐等书画名家真迹三十三种，故自称"三十三宋斋"主。这些国宝级极品的珍藏不能不令朱朴为之咋舌。（《文以载道、秀出天南——悼文史大家金性尧》，《行云流水记往》下册，上海三联书店2014年第二版）

此外，近承宋希於提供黄萍荪晚年的回忆文集，其中《梁鸿志生前死后侧记》一文提及：

　　……他又从铁柜中捧出《宋贤墨宝》一巨册，内列王安石、苏东坡昆仲、辛稼轩、岳珂、曾巩、欧阳修等合计33人手迹。遗憾的是自己不是鉴赏家，真赝莫辨，见主人着重其事，只好顺着恭维一番。（《前辈风流》，福建人民出版社2000年版）

以上这些文字，凡具体涉及"三十三宋"人物者，皆出于晚年回忆，考虑到作者的身份及其行文，恐不足尽信，尤其沈鹏年的说法更显得信口开河。姑录以备考。

章士钊逸诗及其他

有一次很偶然也很意外地听太太说起，我们的朋友蔡战、蔡蔚夫妇藏有一幅章士钊（号孤桐）的诗迹。承他们愿意公开，今揭载于此，以供有兴趣者参考。

章诗为七绝两首，是写赠蔡战已故的父亲蔡谭煌先生的，释文如下：

多能鄙事圣人风，六艺中坚射御同。遮莫俚言车把式（北京语凡能手皆称把式），从来善事不离工。

善御将毋挟瑟同，年华一半在弦中。司机蔡洁何须虑，木匠齐璜百岁翁。

蔡谭煌当时化名"蔡洁"，故章氏将此名写入诗中，又称他作"小篁同志"，也即"小煌"（可能系误书，也可能系故意以同音字替代，古人多有此例）。关于章氏赠诗蔡洁的背景，蔡夫人何楚熊女士提供了一份简要说明：

　　1959 年秋冬之际，章士钊接受领导派遣，到香港做台湾高层人士的统战工作。当时台湾方面在港也有不少情报部门，会用绑架、投毒、暗杀等手段对付拒绝去台的高层人士。为保证章在港的安全，香港的地下组织派了一个由司机、厨师及清洁工等人员组成的保卫组，与章一同住进半山别墅。蔡谭煌就以司机身份成为章的贴身护卫。

　　几个月下来，双方都有了感情。章对蔡谭煌的工作十分满意，他将返京时，为蔡写了这幅诗迹作为留念。而蔡也因此暴露了身份，次年五六月间由华南分局社会部召回，赴广东省公安厅工作。（按：朱铭先生指出：何女士说章"1959 年秋冬之际"赴港为误记，应为 1958 年冬赴港，次年 3 月回京。回京前赠诗蔡谭煌，故落款为"己亥春"。此年秋冬章氏一直在京。）

关于诗的具体内容，以下略作疏解。

第一首："多能鄙事"，原系《论语·子罕》所载孔子的话："吾少也贱，故多能鄙事。"六艺，先秦指教育学生的六种科目：礼、乐、射、御、书、数；遮莫，尽管、不妨之意。此诗大意是说，开车虽属形而下的工作，但也需要专业的技能，在上古更为圣人所不弃，士人所必习。章氏以射、御并举，当是指蔡洁兼有保镖、司机之责。

第二首：首句谓开车大约跟奏瑟类似，都属于手上功夫。

多能鄙事雪人風与羈中坠射御同
遠莫偏言車把式　北京詩久能多暗揹把式　從来善事
不雜工善御將毋捷瑟同年羊一半
在弱中句搓蔡潔何須慮本匠瘴璜
百歲为石山詩弓
小篁同志書　己亥春　孙揭章

章士钊逸诗手迹

由此引出意思比较迂曲的第二句：瑟是古代乐器，状近于琴，最古的瑟有五十根弦，李商隐的诗"锦瑟无端五十弦，一弦一柱思华年"、辛弃疾的词"五十弦翻塞外声"，即指这种乐器；而"年华一半在弦中"应是暗用李商隐诗，谓年华等于五十弦的半数，也就是二十五岁——蔡洁生于1934年，与此正相吻合。三四句则是开解蔡洁不必担心前途，齐白石（本名璜）原来还是个木匠呢。

可见章氏此诗切合蔡洁的职司、年纪，十分得体，是费了心思的。章氏平生身与政学两界，白道黑道，右派左派，交游满天下，为近世所罕有；同时所交上至达官名士，下及三教九流，颇有宽容和平等的精神。他因香港行的因缘，写诗给蔡洁留念，就很可见他待人接物的风度。

既说到章士钊赴港统战的事，在此顺带谈谈有关他的另一公案。

陈寅恪1954年自费油印了一篇不合时宜的文章《论再生缘》，流出海外后，余英时遂有《陈寅恪先生〈论再生缘〉书后》之作，揭示其中隐含的思想意味，引发了不大不小的风波。关于《论再生缘》的传布，过去我们依据陆键东先生的调查，多相信是章士钊1956年赴港时带去的。陆据档案指章氏此年8月7日离京、9月抵港，但近时宗亮先生发现，杨联陞同年8月10日致胡适函已谈及台湾收到《论再生缘》，故于章氏之前，陈著应已通过其他渠道传出海外了（《陈寅恪〈论再生缘〉究竟何时流出海外》，《南方周末》2013年7月26日）。稍后，陈书良先生又反诘宗说，坚持旧说（《〈论再生缘〉流出海外之我见》，《南方周末》2013 年 10 月 3 日）。——我以为，就目前所呈现的材料来看，陈书良的反驳是根据不足的。

陈书良的论据可以说有两项，先说第一项。他指章士钊1956 年春已去过一次香港，系受高层之托，带去致蒋介石的秘信，并称此事曾再三向陪章氏赴港的章含之核实。但目前掌握章士钊材料最多的朱铭先生（他正在编纂《章士钊先生年谱长编》）对此表示怀疑，通过邮件回复我说：

> 孤桐 3-5 月都有在京的记录（见金毓黻、许宝蘅、顾颉刚的日记），5 月底到过湖南。那封写给蒋的信，许多文章都说是春间的事（也有说是 1955 年春），但没有从孤桐本人的文字和官方正规文献中得到确证。是年 6 月 28 日周恩来在人大会议上作《关于目前国际形势、我国外交政策和解放台湾问题》的报告（见《周恩来年谱》），提出"争取用和平的方式解放台湾"，希望与台湾当局"重开和谈"。此时最高层已达成共识，孤桐此后赴港，才显得顺理成章。再从孤桐的《南游吟草》来看，在赠友朋的诗中，多有"六年一梦堂堂去"之类句子，说明已有六年没有相见了，这也证明他 1956 年春不可能去港；如果去了，这批老朋友一定会来见，孤桐就不会写出"六年一梦"这样的句子。

那么，会不会原本只有一次香港行，由于传闻异词，时日有讹，研究者遂将同一次香港行的不同记录误以为是先后两次呢？退一步说，假使此年春季章氏真有过赴港之行，而且负有政治责任，则其行动恐怕是绝对保密的，不可能如秋季"南游"那样有意招摇——香港那些老朋友，他都没去见，又怎么会去见敬而不亲的陈寅恪呢？

再看第二项论据。章氏在访问陈寅恪时作了两首诗：

《陈寅恪以近著数种见赠，〈论再生缘〉尤突出，酬以长句》

《和寅恪六七初度谢晓莹置酒之作》

陈的生日是旧历五月十七日，按阳历算，则是 1956 年的 6 月 26 日。对于这一材料，陈书良作出了很奇怪的解释：前一首诗排于《和寅恪六七初度》之前，也即 6 月 26 日之前，"可知在同年 4、5 月间，章士钊先生已经得到几册油印本《论再生缘》了。"这算什么逻辑呢？章氏两诗，明显是访问陈寅恪时一同作的，其中第二首系唱和陈的《丙申六十七岁初度，晓莹置酒为寿，赋此酬谢》，也就是说，章诗只能作于陈的生日之后，而不是之前。这就意味着，无论章士钊此年春季有没有去过香港，他也只在 6 月 26 日之后拜访过陈寅恪一次，他将《论再生缘》带去香港，当然也只能在此之后。

章氏的这次香港之游，遍访故交，并且诗兴大发，逢人有

134

赠，俱见于 1957 年在香港编印的《章孤桐南游吟草》。《吟草》的前两首诗是：

《大同酒家会食后呈陶铸省长》
《饶彰风约在太平馆食烧鸽》

而前述写与陈寅恪的两诗，则接连系于此后。据此，在理论上，只要能知道陶铸会见章氏的日期，我们就能确定《陈寅恪以近著数种见赠，〈论再生缘〉尤突出，酬以长句》一诗的写作时间了。可惜目前关于陶铸的公开史料似不完备，要解决此事，有待后缘。

（原刊《南方周末》2013 年 11 月 7 日）

粤语与旧诗

以粤语为歌诗，有著名的"粤讴"，但"粤讴"实源自民间俗曲；（参冼玉清《招子庸研究》第七节，《冼玉清文集》，中山大学出版社 1995 年版）而此处要讨论的，是以粤语作旧诗（近体诗），属于文人游戏的范围。

论粤语入诗的祖师爷，当数清末的何淡如（南海人）。何尤以粤语作联语闻名，我手头有他的两种联语集，皆署梁纪佩编，一作《何淡如先生妙联》（今有两本，皆署"广州小说丛书馆出版"，一为广州书局 1915 年发行，一为崇德堂印行，年月不详），一作《新刊何淡如妙联》（上海广益书局 1922 年版）。内容大同小异，都附录若干诗作，风格与其联语相通。

试举集中《代人访失猪母赏帖七律》为例：

　　立出帖人陈有兴，只因猪乸为风情。每思红拂狡难禁，称醉文君节不贞。昨晚私奔跟佬去，今朝遍访冇人明。四方君子知其落，谢佢烧哥大半埋。

按:白居易有五律《失婢》,白诗作:"宅院小墙庳,坊门帖榜迟。旧恩惭自薄,前事悔难追。笼鸟无常主,风花不恋枝。今宵在何处,唯有月明知。"刘禹锡复有五律《和乐天诮失婢榜者》,刘诗作:"把镜朝犹在,添香夜不归。鸳鸯拂瓦去,鹦鹉透笼飞。不逐张公子,即随刘武威。新知正相乐,从此脱青衣。"何氏以诗代寻猪启事,不知是否即仿白、刘而作? 三句的"狡",我的朋友沈展云指出,准确的写法应是"姣",如今流俗也作"豪",相当于普通话的"骚";"每思红拂狡难禁,称醉文君节不贞",即以红拂女"发姣"、卓文君"走佬"比拟母猪走失,可谓妙而谑矣。

何淡如之后,此道当以民国时廖恩焘(惠阳人)最为著名。他以"珠海梦余生"大名刊行粤语诗专集《嬉笑集》,一再印行,我手头有香港1970年的校正本。诗集包括《汉书人物分咏》,咏秦汉人物;《金陵杂咏》,咏名胜;《史事随笔》,咏史;《信口开河录》,咏杂事。

如《信口开河录》有一首《自由女》,状写当时的时尚女郎:

姑娘呷饮自由风,想话文明拣老公。唔去学堂销暑假,专嚟旅馆扮春宫。梳成双髻松毛狗,剪到条辫掘尾龙。靴仔洋遮高裤脚,长堤日夜两头春。

沈展云谓首句"呷"即"呷醋"之"呷"，末句"舂"读如钟（zung1），粤语指乱撞。三、四句以"暑假"、"春宫"为对，可称工整，也可见当时风气的开放。第六句"掘尾龙"意为秃尾龙，典出两广流传的龙母传说。

何淡如、廖恩焘都可算粤语诗的专门家，尚有"业余"作者。香港余祖明所辑《广东历代诗钞》卷十有"粤语诗"之目，（见《广东历代诗钞》第三册，香港能仁书院丛书第一种，1980年出版）除廖恩焘之外，计有何又雄、胡汉民、李蟠、梁寒操四家。

何又雄有《垓下吊古》七律：

> 又高又大又嵯峨，临死唔知重唱歌。三尺多长锋利剑，八千靓溜后生哥。既然廪砰争皇帝，何必频轮杀老婆。若使乌江唔锯颈，汉兵追到屎难疴。（按：邓圻同引此诗颇有异同："又高又大又罗唆，死到临头重唱歌。既然廪甚争皇帝，何必频沦杀老婆。三尺多长犀利剑，八千靓仔后生。如果乌江唔锯颈，大兵追到屎难屙。"邓指三句"廪甚"的"甚"读作Dam，不断之意；四句"频沦"的"沦"读Lan，仓促之意［见《打油诗杂谈》，《畅秋集》]）

此诗写项羽自刎乌江一幕，"八千靓仔后生哥"即"八千子弟"也。

胡汉民有《咏张良》七律：

138

话佢姑娘正不通，原来扭计最精工。报仇鬼咁唔争气，救驾神兴诈出恭。王代留番孤独仔，两回撞着伯爷公。既然戒食无忧米，点解当时重受封。

李蟠在抗战时有《闻捷》五律，咏李汉魂破日军久留米师团：

呢阵演真军，台庄杀敌人。冚冚围住佢，棍棍不离身。木屐丢成地，灵符矢左真。闻名天下李，越打越精神。

梁寒操则有《从少飒怂恿将李泽甫先生重印〈嬉笑集〉转登〈广东文献〉季刊，并试仿制广东白话诗以跋其后》二律，其一云：

重记南京往时事，凤翁隔日过寒家。唔嫌粗菜多留饭，每爱长谈猛饮茶。妙句时常带玩耍，奇情真正冇揸拿。如今始见诗钞出，读过几乎笑甩牙。

二句"凤翁"，即指著《嬉笑集》的廖恩焘（别字凤舒）；"寒家"则一语双关，既可指寒舍，也可指"寒操"之家也。六句"冇揸拿"系粤语，指无把握。

此外，我平时偶见零星数例，列举如下。

近人邓圻同有《打油诗杂谈》一文，实际上是谈粤语打油

诗。（收入《畅秋集》，1998 年自刊本）其中引述了佚名咏张良
一首：

> 半路拦皇帝，如何胆甘真。照头梆落去，错眼打唔亲。
> 三百多斤铁，孤单一个人。几乎变左鬼，快的去还神。野
> 仔刚行运；衰君有替身。阿良真正笨，散左百多银。

按：此诗实源自何又雄《赋得椎秦博浪沙（得秦字五言八韵)》：

> 话说椎皇帝，如何胆咁真。果然渠好汉，怕乜你强秦。
> 几十多斤铁，孤单一个人。栏〈拦〉腰搬〈梆〉过去，错
> 眼睇唔亲。野仔刚行运，衰君白〈有〉替身。险些都变鬼，
> 快的去还神。凶手当堂趯，差头到处巡。阿良真正笨，为
> 咁散清银。(《广东历代诗钞》第三册)

诗中写到张良雇力士以大铁锥刺杀秦始皇，而误中副车。诗中
的"野仔"当亦指秦皇嬴政，世传嬴政乃吕不韦之子，故称
"野仔"。

　　罗章龙也提及胡汉民（番禺人）有粤语咏史诗多首，其中
有《垓下诗》一绝，前举《广东历代诗钞》未收录：

> 八千子弟向秦封，破釜沉舟究不同。咁样多人为你死，
> 因何冇面见江东。(《椿园载记》，生活·读书·新知三联书店 1984

年版，第 298 页；又见《亢斋文存·罗章龙回忆录》，溪流出版社
2005 年版，上册第 222 页）

　　胡耐安《一代霸才陈公博》记陈公博（乳源人）1930 年到
太原，"时有秦腔坤伶名粉菊花者，以色艺著称，他排日前往捧
场；一日，有人讽示，谓粉菊花乃楚司令专宠，晋材晋用，阁
下未免徒劳。彼此相对大笑后，他立即写出一首'竹枝词'"。
陈诗曰：

　　　国事果真丢乃妈，此行心意乱如麻。从来不呷山西醋，
　　明日请看粉菊花。（《六十年来人物识小录》，台北商务印书馆
　　1977 年版）

　　"丢乃妈"一般作"丢那妈"，其于粤语中的性质，堪比普通话
的"国骂"，以此入诗，当然也算粤语诗了。何况"从来不呷山
西醋"一句，也嵌入了"呷醋"这个粤中俗语。
　　上述邓圻同文还转录了粤剧编剧何建青咏武旦卢启光的
七律：

　　　系人都话此君傻，使乜练功练甘多。硬颈莫如勾鼻佬
　　（邓注：卢启光的浑名），装身成个后生哥。没声一样能高唱，
　　盛世重逢最可歌。好在老来犹有火，出台搏命又如何。

以上所举，都是粤人作粤语诗，尚有"北方佬"（在广东人来说，所有外省人都是北方人）戏作粤语诗的。

胡适（安徽绩溪人）1935年南游广东，其《南游杂忆》自述："我在船上无事，读了但怒刚先生送我的一册《粤讴》。……我一时高兴，就用我从《粤讴》里学来的广州话写了一首诗。"诗题作《黄花冈》：

　　　　黄花冈上自由神，手揸火把照乜人？咪话火把唔够猛，睇佢吓倒大将军。

胡适晚年提到，第三句原作"咪话火把唔够亮"，后根据汪精卫（番禺人）的意见，将"亮"改为"猛"。（胡颂平编《胡适之先生年谱长编初稿》，台北联经出版事业公司1990年校订版，第四册第1343页）——这个"猛"，也就是"威猛先生来啦"的"猛"，可谓一字之易，意境全出矣。

此外，陈寅恪（江西修水人）1949年南下广州不久，曾作七古《哀金圆》，咏金圆券的发行与崩溃，其中开篇两句作：

　　　　赵庄金圆如山堆，路人指目为湿柴。（原注：粤俗呼物之无用者曰"湿柴"。）

陈氏此诗并非粤语诗，但既以粤地俗语入诗，姑亦附录于此吧。

我所知见的粤语诗，已如上述。那么，以粤语作旧诗，或者说以粤语入诗，最明显的特色是什么呢？我以为，应是其戏谑性。此亦有可说，非出偶然。

盖语言的混杂，如外国人讲国语，或中国人讲外语，如外省人讲粤语，或广东人讲国语，皆易产生戏谑效果。相对而言，国语（普通话）与书面语较为接近，故其风格亦偏向正规化；而粤语作为一种与国语极为疏远的方言，早与书面语脱离，而趋向大众化、市井化乃至粗鄙化。因此，粤语若与一种古典或高雅的语文体裁相配合，也就更容易形成戏谑感。

试举两个例子作为旁证。

陈克文早年与汪精卫关系密切，其1937年12月5日记有云：

> 汪先生适看报，忽用广东最粗俗的骂人口头语说一句"刁那妈，邹鲁又来作诗了"，停一会又来一句"呵！班禅死鸠阻"。先生于燕居时颇喜用此类词句，粤人大都如此，不仅先生一人，惟未耳闻则已久矣。（陈方正编《陈克文日记[1937—1952]》，社会科学文献出版社2014年版，上册第138页）

汪精卫的"刁那妈"，亦即陈公博的"丢乃妈"；至于"死鸠阻"，也是吾粤市井恒语。我读到这段时，真觉喜心翻倒。何以然？我自作分析，原因大约是：汪精卫除了"汉奸"身份，还有一个"诗人"身份，自文化角度视之，其历史形象与旧诗分不开，可谓雅人深致。而如此雅士，却说出"刁那妈"、"死鸠阻"这样的"粤骂"，当然会有强烈的喜剧效应。而用粗俗的粤语与古雅的旧诗搭配，也正会产生类似的效果。

在网上看到，有人将徐志摩的名诗《再别康桥》，"译"作粤语的《剑桥拜拜》（据说系香港林振强的手笔）：

> 我静静鸡散水，
> 就好似我静静鸡嗷踩嚓；
> 我静静鸡翕手，
> 同啲云讲声"系嗷先喇，喂"
> 河边嗰啲金柳，
> 好似喺黄昏晒太阳个新娘；
> 反映喺水上面个靓样，
> 喺我个心度浮吓浮吓嗷样。
> ……
> 但我唔可以唱 K，
> 讲拜拜嗰支笛衰咗；
> 热天的昆虫都为我收声，
> 剑桥今晚真系哑咗！
> 我静静鸡散水，
> 就好似我静静鸡嗷踩嚓；
> 我拍拍萝柚，
> 一啲云都毋拎走。

这首粤语版的《再别康桥》当然是颠覆性、戏谑性的。而粤语与旧诗相配，在"喜剧原理"上与此正是相通的。

最后说明，我过去写过一篇《粤语入诗》，以笔名发表在《南方都市报·阅读周刊》。本文系在旧作的基础上增补改写，如有雷同，实非巧合，莫以汪晖视之也。

（原刊《中国文化》2011 年春季号）

补记：

以粤语入旧体诗，30 年代初曼昭（汪精卫托名）的《南社诗话》已谈及，其《诗论及其他》一则有云："……《新民丛报》曾载广州白话诗两着，一为试帖，五言八韵，题为《张良椎秦》；一为七律，题为《项羽垓下》（按：此二诗当即正文所引何又雄之作）。"又《廖凤舒》一则云："廖仲恺之兄凤舒，亦曾以广州白话为七律十余首，题为《读汉书》。……凤舒又有句云：'风车世界拉拉转，铁桶江山慢慢箍。'竟是名句。"

李蟠（仙根）的粤语诗，除正文所引《闻捷》一律，尚有七律《粤语诗五首》、吊脚诗《十七字诗二首》（黄健敏、李宁整理《李仙根日记·诗集》，文物出版社 2006 年版，第 258-260页）；有关评论可参黄健敏《八叶芸香：李仙根及其家族》（广东人民出版社 2014 年版，第 200-202 页）。

粤语入诗，以香港一地风气最浓，作者最多。偶于友人戴新伟处得见香港方宽烈先生的新著《香港文坛往事》（香港文学研习社 2010 年版），中有《谈广东方言的格律诗》一文，已着我先鞭。作者长期留心于此，搜集甚丰，远过于我，所举人物除已知的何又雄、廖恩焘、梁寒操外，尚有简又文、罗忼烈、陈荆鸿等名流，甚至有大名鼎鼎的黄霑、倪匡，而不知名的香港本土作者尤多。不过他仍有所遗漏，尤以何淡如、胡汉民两例更为重要，且其文亦欠缺分析。故自觉本文仍有发表的价值。此外，承杨权先生告知并借阅程中山辑注《香港竹枝词初编》（香港汇智出版有限公司 2010 年版）一书，其中诗作雅俗杂陈，以粤语乃至英语译词入诗者极多。这实际上更是本文主题所忽略的一大盲点。唯其书内容丰富，不克一一例举，仅附记于此。

另，龙榆生 1940 年诗《道左》之一："扶携老弱苦追攀，车马匆匆只伫看。一自铜仙（粤人呼铜币为仙）辞汉后，无钱与汝救饥寒。"（《忍寒庐吟稿》，《忍寒诗词歌词集》，复旦大学出版社 2012 年版，第 66 页）此处"铜仙"兼用古典（即李贺诗《金铜仙人辞汉歌》之"金铜仙人"）及粤俗，亦可算以粤语入诗。龙氏 30 年代曾执教岭南，故能知粤人俗语也。

《当代诗坛点将录》读后

　　自西化的白话诗引入中国文坛以来，新旧诗体各行其道，渐行渐远，迄今已近百年。那么，应当如何评价新旧诗的文学价值呢？我的简单判断是：民国前后，旧诗风雅未衰，新诗初试啼声，显然是新不如旧；50年代以来，此消彼长，但也不过平分秋色。一个仍然有陈寅恪、钱锺书、钱仲联的诗坛，又岂是可以忽视的呢？

　　这或许跟常人的印象大相径庭。所以然者，无非是新诗虽在创作实践上未占上风，但借新文学运动的东风，却早在文学史编纂和评论界上占据了主流地位；相反，旧诗的创作及阅读虽仍具规模，但已流落江湖，自生自灭，仅有几种流水账式的论著而已。——从这个背景，我们才能明白冯永军这本《诗坛点将录》的意义：正因为近半世纪的旧诗坛仍维持着相当高的水准，《点将录》才值得做；正因为旧诗坛始终缺乏评论和研究的声势，《点将录》就更值得做。

在体例上，过去汪辟疆的《光宣诗坛点将录》、钱仲联的《近代诗坛点将录》都承《乾嘉诗坛点将录》的旧规，多不过寥寥数语，点到即止，其实只是写给圈内人看的游戏之作，更多的是掌故意味；而冯著实际上已突破了旧体，可以说是"点诗录"与"诗话"的结合，尽管论说仍嫌简略，对于一般读者也不够通俗，但知人论世，已是诗史意味了。

"点将录"在体裁上有其局限，也有其优势，可不必再议；我以为"点将录"还有一个良好传统，即民间性格，或者说独立精神。大凡"点将录"，不论其作者身份为何，在撰作上皆有独立评判的自觉，绝不同于学院派那种貌似客观的思路。我不避自夸地说一句：当今诸种"点将录"之作，不论是王家葵关于近代印坛的，还是王来雨关于新诗坛，还是夏双刃关于旧派小说的，还是我自己关于现代学林的，在这一点上都无愧色，而冯君此著也不例外。

冯君曾给我的《学林点将录》作过序，现在我评论其书，在别人看来或有"投桃报李"之嫌，有"戏台里喝采"之疑。所以我想多说一点批评性的意见。

作为一种特殊的评论体裁，"点将录"虽引人注目的当然是人物的选择和排比。而在这方面，我觉得冯著尚多有可议。

首先，他没有点够一百零八将。其《自序》有谓："鼎革以还，风雅沦丧，旧体诗坛人才凋零，复有所谓旧体诗者，不过略为押韵而已，甚或韵亦不能押者，故欲点足一百零八人似非易事……宁抱遗珠之憾，差免滥竽之讥。昔钱牧斋辑《列朝诗集》，虽仿元遗山《中州集》，然不依《中州集》迄于癸之例而止于丁，实寓冀明室中兴之意。拙录未足一百八人者，殆亦期诗坛之中兴也。"这确是可以自圆其说的，但毕竟还是留下遗憾，因为够格入选的人物还是有不少的。如刘衍文先生指出宜收周錬霞、曾琦、易君左；陆灏指出宜收俞平伯、陈迩冬、舒芜、齐白石、徐燕谋；此外以我所知见，老一辈的如叶恭绰、章士钊、马叙伦、沈尹默、林志钧，稍晚的如刘永济、詹安泰，流寓海外的如廖恩焘、涷融、李家煌、李芋龛、台静农、郑骞、陈槃、姚琮、张寿平，皆有诗集传世，似乎都可考虑。

除了当收而未收的，似也有不当收而收的，如张中行、高阳的诗功皆甚浅，亦无特色。

关于人物的排行匹配，将陈寅恪置于次席，配玉麒麟卢俊义，未免太高，盖因人重诗，不尽取诗学标准矣；指刘太希剽窃易顺鼎诗作，那么，何不拿他配时迁或段景住呢？以高阳配险道神郁保四，也不太般配。

尽管如此，论人说诗，本就是见仁见智的事；而且以冯君的诗学素养，又专于此道，他自有他的考量。故人选排行之类问题，不妨搁置。总的看来，冯著固然不够面面俱到，但绝对是自出手眼之作，足可当汪辟疆、钱仲联之续。假如我们能平心静气，进入作者的思路，颂其文，味其意，必能感觉此书的惊才横溢、古调斑斓。其所论评，有话则长，无话则短，多一己体会之言，雅人深致，已不可及，而意趣横生之处，更远在汪、钱之上。至于所附的论诗绝句，尤有风华绝代之姿。如咏钱仲联:"与日偕亡旦旦言,从龙当日恐难安。同为凝碧池头客,老去何心斥忍寒。"咏陈寅恪:"饮水天池绝世姿,一从羁勒意多违。且看骐骥风中老,不向君王乞敝帷。"咏苏渊雷:"几多心事话飞萤,如墨人间泪欲零。微觉一编篇什富,贪多曾笑曝书亭。"咏沈祖棻:"涉江当日采芙蓉,那分奔轮了此生。帘卷西风佳句在,不须累牍说明诚。"有如此才情及功力,则其论人说诗,我们当然可以信任了。要而言之,对于近五十年旧诗史,此书称得上是最当行出色的总结。

冯君年少翩翩,来日方长,凡所不足,自可期之于将来。事实上,汪著《光宣诗坛点将录》也是屡经删补的。

还有,罗韬以为入选人物,世人多不熟悉,宜附录作品精萃,则兼具"诗选"的作用,有传布之功,其意甚可取。——早年颇喜流沙河先生的《台湾诗人十二家》一书,其各章评论之后,即附诗作若干,对于我们了解彼岸诗坛概貌,实功莫大焉。

此外,读冯著时,在细节上尚有一些私见,亦略述如下:

关于钱仲联的诗风,钱锺书誉为"天海伟观",兼"天放楼"(金天羽)、"海日楼"(沈曾植)两家的特色,冯君则以为"于绛云楼(钱谦益)、人境庐(黄遵宪)得力最多"。我个人感觉,谓钱仲联得力于绛云楼,大约是因为他写过好几组和杜甫《秋兴》韵的时事诗,有追攀钱谦益《投笔集》之意;但就其一般风格来说,似乎得力于黄遵宪、丘逢甲、金天羽几家更多。

谈及曾克耑、赵尊岳两人皆好叠韵,誉为"才大如海"、

"教人畏服"；而苏渊雷亦多叠韵唱和之作，则曰"逞才使气，此固先人东坡之旧习"。这未免有点双重标准。

指张建白《感事》一诗应为汪精卫而作，系根据自刊本《岭南五家诗词钞》，其诗云："东海无劳问浅深，风波憔悴念精禽。如今敛翅归何许，早负当年衔石心。"但检张氏正式刊行的《春树人家诗词钞》，题作《感事》的是另一诗，而上引咏汪之作则题为《重有感》，系于《感事》之后。当从后者为宜。

最后还有一点，冯君读诗，固从文学本位着眼，但其所系心者，又每在文学之外。如于潘伯鹰，谓最喜其"天地不仁行其仁，世主以仁行不仁"之句，"快人快语，一语道破玄机，胜于政论文字千百"，就可见他的现世关怀。——我对潘伯鹰这两句诗，过去未曾留意，今因读冯著，乃觉与西方思想颇相呼应：上句"天地不仁行其仁"，有点亚当·斯密所谓"看不见的手"的意思，又有点哈耶克所谓"自发秩序"的意思；而下句"世主以仁行不仁"，则近乎波普所谓"乌托邦工程"的意思，甚至近乎哈耶克所谓"通向奴役之路"的意思了。这一点别有会心，可算我读冯著的意外收获。

（原刊《南方都市报》2011 年 5 月 22 日）

《脚注趣史》补注

　　格拉夫敦的《脚注趣史》（张弨、王春华译，北京大学出版社 2014 年版），可以说是学术八卦爱好者翘望已久的书了，可书出来之后，反响似不算多。或许，是因为此书学术有余，八卦不足，并非传说中那么引人入胜吧。事实上，此书法文版的名字是《博学的悲剧起源：脚注的历史》，本无"趣史"之意。

　　脚注是现代学术最直观的标志，但少有人专门将之当作研讨对象，格拉夫敦拈出此题，既有意义，亦有趣味，是不可无之作。而此书论述有深度，文辞有风采，也确是相当出色的专著，只可惜有关脚注的八卦未免不够丰富。盖脚注之为物，为现代学术不可或缺，对学术史的进境自有"苦劳"，但终究是小道具，以此为题，多少只是"写在学术边上"，那么，很应当容纳更多的学术掌故才对。

　　自然，作者表面上是写脚注史，但真正的旨趣是由脚注切入，观照近世西洋学术的发展史，尤其是以文献考订为中心的史学史，故有关脚注的种种名流轶事，未必都适宜组织到论述之中，"趣史不趣"，此亦一因。但至少，本可以更充分地发挥脚注之用，将更多的八卦放到注释里的——就像如书倒数第二个注那样，在注明文献出处之后，还提及此学者作为海军服役人员在自学时，曾将脚注中的 Ibid（即"同前"，脚注中常见的缩略语）当成了人名。（严晓星按：民国报刊发表诗词，每每出现"前人"。曾有"学者"不知"前人"就是指前一首的作者，作注时就标作者为"前人"。）

当年在网上讨论此书翻译时，不少人觉得刘铮是最适宜的人选，记得我当时还表示：若能像潘光旦译《性心理学》那样，以汉语学术为本位，增入新注，那就更有意思了。因为有关脚注的种种，在汉语学术史上，也有着丰富的例证。——当然，这只是我的奢望，由于图书版权期限的缘故，出版方尚且等不及刘铮的译本，遑论补注呢？更不必说，补注在体例上也是侵害了著作权的。

但我也没忘了自己的主意。在读此书时，还是按平日的习惯，凡联想所及的，就随手作一些简单批注，包括可与其他文献互证的线索；现在且据以为纲，参考原来积累的有关材料，整理出一份潘光旦式的补注，内容有学术性的，也有轶事性，更有若干"夹带私货"的成分，并且也不限于脚注问题，对于感觉此书不够八卦的读者，或可作为谈助。

以下每条，先引录《趣史》原文，以仿宋字表示，一律省略了原来所附的英文。我的补注附于其后，为避烦琐，采用了随文注，而"忍痛"放弃了脚注；有些文献实在常见，而且版本各异，就没有注明详细的出处。

没有哪位启蒙时代的历史学家能够超越爱德华·吉本的著作《罗马帝国衰亡史》那史诗般的气势或是古典的文风。而书中最能够取悦友人抑或激怒敌手的就要数脚注了。在宗教问题上的不恭不敬以及对两性关系的口无遮拦，使这些脚注理所当然出了大名。（第1页）

我只读过《罗马帝国衰亡史》的节编本（黄宜思、黄雨石译，商务印书馆1997年版），对其脚注并没有特别印象。照我的印象，吉本式的脚注，甚至将吉本"发扬光大"或"变本加厉"的脚注，当数唐德刚译注的《胡适口述自传》。唐注的内容和风格，作为脚注都可谓别开生面，文字俏皮，议论跳脱，打通古今中外；其篇幅也多，总数似要超过"胡说"的正文，真成了婢作夫人。总的看来，其注不仅是"我注胡适"，也可以说是"胡适注我"了。

我的《现代学林点将录》也有容量极大的脚注，在写法上，并未模仿吉本、唐德刚，但有些地方也可算有一点不约而同的作风。（严晓星按：大篇幅的脚注应有两种，一种以观点胜，一种以材料胜。吉本、唐德刚是偏向以观点胜的，裴注《三国志》是纯以材料胜的，《点将录》偏向以材料胜。周运按：马克斯·韦伯的《新教伦理与资本主义精神》注释篇幅与正文相当，完全是阐发主见，非仅补充正文，可以说也是另一部分论文，他对

154

引文出处的注释并不详尽，所以导致了现在研究者对引文出处的争论。）

　　但久而久之，书写脚注的工作常常变得索然无味：最初为了取得一个神秘的新行业的成员资格而发表战战兢兢的声明，鼓足勇气宣称自己有权加入一场博学的对话，而今却退化为例行公事了。（第5页）

　　脚注在18世纪时最为兴盛，那里它们既用来讽刺地评说正文里的叙事，也用来证明其真实性。到19世纪，脚注不再扮演悲剧合唱队这种显要的角色。脚注就像是许多卡门一样，身陷一座巨大、肮脏的工厂，成了卖苦力的。起先是一门技艺，这时不可避免地成了例行公事。（第307页）

　　脚注风格比吉本还吉本的唐德刚，不出意外地厌烦那种学院派式脚注，他提到早年求学时，其师克斯巴松就很不满"以注脚做学问之美国式繁琐史学"，并说："笔者嗣读此邦师生之汉学论文，其中每有浅薄荒谬之作有难言者，然所列注疏笺证洋洋大观焉。时为之掷卷叹息，叹洋科举中之流弊不下于中国之八股也，夫复何言?!"（《自序：告别帝制五千年》，《晚清七十年》第一册，台北远流出版事业股份有限公司1998年版）

　　可与唐氏脚注观相比的，是张五常的数学观。张自称"是洛杉矶加州大学最后一个不用选修微积分而拿得经济学博士的人"（《七十自述：我是怎样研究经济的？》，《五常思想》，朝华出版社2006年版），向来对数学在经济学中的运用表示疑虑，并明确说："无可置疑，后一辈的经济学者发表的文章，内里的数学成分比老一辈的多了很多。然而，与此同时经济学的知识并没有明显的长进。……说得不客气一点，是年青一辈的思想内容不足，要以数学方程式来加以掩饰。"（《数学与经济》，《经济解释》卷三《制度的选择》，香港花千树出版有限公司2002年版）如将这段话的"经济学"易为"历史学"，将"数学"易为"脚注"，那也完全成立。当今学术论著，尤其是史学论著，其脚注较之民国时代不知道详细了多少倍，但我们的学术高度呢？

唐德刚、张五常都在美国的学院派营垒中讨过生活，但后来各自脱离主流，拒绝了脚注和数学，不是没有原因的。

最近，很多脚注的信徒不再颂扬它，而是要推翻它。……例如，美国法律系的大学生写戏仿文章，论文中的每一个词都附有一个写满了详尽引文的脚注，其主旨是阐明棒球比赛规则中的习惯法渊源。（第25页）

蒲柏针对真假学者的愤怒表现为多种形式，但首当其冲、也最令人印象深刻的，就是脚注。他的叙事诗《群愚史诗》就是抨击他那个时代可怕的"愚人"……该诗通篇都用了脚注，就像美国恐怖电影中头戴面具的恶人手里拿的电锯：目的是要肢解他的对手们，把他们血淋淋的肢体撒得满画面都是。（第151页）

蒲柏《群愚史诗》的脚注，当然只是一种戏仿。

作家法迪曼写过一篇随笔《阳光下面无新事》(《书趣:一个普通读者的自白》,杨传纬译,上海人民出版社2009年版),讨论抄袭现象,为了扣紧主题,故意采用了脚注体裁,以示其句句有来历。这也属于对脚注的戏仿。文章明确的议论不多,但机智风趣,比波斯纳的《论剽窃》(沈明译,北京大学出版社2010年版)可要精彩多了。

就像迈克尔·菲什贝恩在一本出色的著作中展示的,抄写员和作者是如何以相似的操作方式将评注直接编入了希伯来《圣经》的文本。对罕见词句的简短注疏成为了他们所阐明的文本中有机的组成部分。……在经意与不经意之间,《圣经》就成为了它自己的诠释者。(第27页)

这里应是指《圣经》注疏混入了正文的现象。冯象先生专长于《圣经》,他在由《脚注趣史》(其译名作《脚注探微》)引出的文章里已论及此问题,比如《新约·约翰福音》著名的"耶稣与淫妇"故事,就并非"福音书"原来有的,而可能来自中世纪抄本的笺注片断(《读注》,《信与忘:约伯福音及其他》,生活·读书·新知三联书店2012年版)。

此类现象在中国古典文献中也颇不罕见。清末俞樾就指出古籍流传中有"以旁记字入正文例"(《古书疑义举例》卷五),即相当于批注衍入正文。

北魏杨衒之的《洛阳伽蓝记》,本取自注的体裁,但在文献流传过程中,其注文久已混入经文。自清人顾广圻指出此事,吴若准、唐晏先后尝试分别正文、注文，至20世纪40年代后，徐高阮更依据陈寅恪"合本子注"之说，对《伽蓝记》作了更精细的整理（参徐高阮《重刊洛阳伽蓝记序》，《重刊洛阳伽蓝记》，"中央研究院"历史语言研究所1950年版）；约略同一时期，周祖谟借助唐代智昇《开元释教录》关于《伽蓝记》的引文，也独立地做了近似的工作（参周祖谟《漫谈校注〈洛阳伽蓝记〉的经过》，《洛阳伽蓝记校释》附录，上海书店出版社2000年版）。

不过，最著名之例，则当数北魏郦道元《水经注》——其成书比《伽蓝记》稍早。《水经注》的经、注混淆现象，明人杨慎已经发现，至清人全祖望总结条例，更作出明确区分，随后赵一清、戴震据此校理文本，集其大成（参陈桥驿《论戴震校武英殿本〈水经注〉的功过》，《郦学新论——水经注研究之三》，山西人民出版社1992年版；陈桥驿《全祖望与〈水经注〉》，《水经注研究四集》，杭州出版社2003年版）。经、注的区别问题，实为清代《水经注》整理的重心所在，而又因为《水经注》整理的著作权问题，引发了以戴震为中心的抄袭公案，可谓笼罩了三百多年来的《水经注》研究史。胡适在晚年即陷于此公案的重审而不能自拨，不仅著作未最终完成，结论也未得到主流学界的承认（参吴天任《全、赵、戴〈水经注〉校本相袭案之缘起》，《郦学研究史》之三十附录，艺文印书馆1991年版；陈桥驿《民国以来研究〈水经注〉之总成绩》，《水经注研究四集》）。

（周运按：看过彼特拉克和 Poggio 的读书原稿，是在写本里的一段向外画出一个手指形状，然后写下批注，如果写工不明就里，就很容易混入正文。看陈垣的讲义《史源学实习及清代史学考证法》，第 75 页举了他所藏的全祖望《困学纪闻笺》稿本，上面有批注，正文里有横道，他琢磨好久才明白，此即表示那些批注是针对划了横道的文字——这个横道，就相当于彼特拉克和 Poggio 的小手指。如果写工会错意，就会弄成正文了。还有一个最著名的事例："1516 年伊拉斯谟出版希腊文《新约全书》，引起很大争议。新约中，最恶名昭著的争议和约翰一书的经文相关：'**在天上作见证的有三：就是父、道、圣灵，这三样归于一：在地上作见证的有三：就是圣灵、水与血，这三样也都归于一**。'希腊文的写本之中，未出现有上述黑体的内文，这显然是中世纪才潜入拉丁文《新约全书》的。可能是某位粗心的写工，不小心将那些中世纪的经文评注钞录在圣经中的。然而抗议声如风暴袭来，因为删除这节似乎威胁到三位一体的教义（尽管该教义在此之前早已成形），伊拉斯谟在第三版后又将这节放回去，后来也收进希腊文新约'公认标准本'。"（帕利坎［Jaroslav Pelikan］《读经的大历史》，吴曼玲 郭秀娟 译，台北县校园书房出版社 2010 版，第 180 页）

（兰克指出）即使是最优秀的现代历史学家，其能力的重要性也不及一手史料——即揭示了政治家和将军们真实意图的文献。（第 60 页）

胡适论校勘学有言："王念孙段玉裁用他们过人的天才与功力，其最大的成就只是一种推理的校勘学而已。推理之最精者，往往也可以补版本的不足，但校雠的本义在于用本子互勘，离开本子的搜求而费精力于推敲，终不是校勘学的正轨。……推理的校勘不过是校勘学的一个支流，其用力甚勤而所得终甚微细。"（《校勘学方法论［序陈垣先生的〈元典章校补释例〉]》）胡适强调版本的优先性，等于是说，对于校勘学而言，第一流的校勘家也不及善本来得重要，此与吉本强调一手史料的价值，在思路上是异曲同工的。

古典学家海恩里希·尼森发表了他对李维及其史料的著名研究，他在书中展示出了，古代史家通常的著述方式并不似现代的历史学家，而更像是现代的记者。他认为，古代史家们从一种主要的史料中汲取信息，只是偶尔用些其他的文献来校正或者补充。（第 69 页）

尼森认为古代史家类似于现代记者，是针对他们使用史料的方式来说的，即史料来源比较单一，缺乏对多元史料的互证，言下之意似是说他们像现代记者一样不够严谨。

不过，我还想到了另外一点：古代史家经常要处理当代史的题材，甚至是最敏感的政治问题，这使得他们有时要承担巨大危险，包括生命危险——这也跟现代记者一样。以中国为例，从春秋时代直书"崔杼弑其君"的齐国太史三兄弟，到北魏实录拓跋氏早期秽史的崔浩，都因其史笔而死；而到了近代，这类惨案就不再发生于史家身上，只发生于报人身上了，如北洋时代的黄远庸、邵飘萍、林白水，国民党时代的史量才。

此外，莫米里亚诺在讨论希腊影响下的罗马史学时，提到一件事："汉尼拔手下特地招募了两个希腊历史学家，卡拉克特的赛利纳斯和斯巴达的索西鲁斯。"（《现代史学的古典基础》第四章，冯洁音译，华东师范大学出版社 2009 年版，第 137 页）这是说，当时的希腊史家还为迦太基一方作反罗马的"战时宣传"呢，这就更近乎现代记者的行径了。

兰克明显地依赖核心档案和各大家族的文书，在缺乏深刻反思的情况下，他接受了对历史本身的某种特定阐释：在这种阐释中，国家和君主的历史占据了优先地位，压倒了民众史或文化史，这种历史观从一开始就主导了兰克对历史的志趣。（第 71 页）

这么说来，对于历史，兰克在方法上虽走向了"现代"，但在观念上倒是相当"古典"的。

在 20 世纪之初，梁启超的《新史学》曾对中国旧史学作出了著名批判，其中第一条就是："知有朝廷而不知有国家。吾党常言，二十四史非史也，二十四姓之家谱而已。……盖从来作史者，皆为朝廷上之君若臣而作，曾无有一书为国民而作者也。其大蔽在不知朝廷与国家之分别，以为舍朝廷外无国家。"第二条则是："知有个人而不知有群体。历史者，英雄之舞台也；舍英雄几无历史。"梁氏的这个批评，若移之于兰克史学，不也恰当的很吗？要知道，梁所说的"国家"，其实是以国民为主体的

"社会";而兰克笔下的"国家",却是指"政府",倒是等于梁启超说的"朝廷"了。

论历史方法,梁启超还只是"前兰克"的,但论历史观念,梁启超倒可称"后兰克"的了。

在兰克看来,他著作中的注释充其量不过是一种必要的弊病。(第87页)

所有的注释都是兰克在完成了全部正文之后补充上去的。……兰克作为现代历史学家技艺的奠基人,他在实践中并不比这个专业领域中的后人更守规范。他将正文作为一个整体去书写。然后才在他的藏书、笔记、摘录以及概要中间找寻支持正文的证据:他添加参考资料就像把肉炖好了再往上撒盐。(第88页)

兰克被认为是创造现代历史学部类的炼金士,但实际上他讨厌脚注,他做脚注的时候并没有做原创性研究或写作附录时那样仔细、精心。(第307页)

这就是说,对于作为近代人文学术标志的脚注,兰克只是被动地接受,很有点欲迎还拒的意思。

而兰克之于西方式脚注,可比陈垣——他在中国现代史学的地位,几与兰克相当——之于传统式小注。在40年代的史学讲授中,陈垣一再强调对小注的使用要节制:"关于作文加注问题,因说明不可不用注,此百官志、艺文志、地理志不可不用注。诗赋因限以字数,或人不易解,则需加注。《北齐书》颜之推作《观我生赋》,即其注亦选入。《史通》因骈文,有时说不

162

清，故须注。除此之外，可以不注则不注。"（《李瑚听讲笔记》，《史源学实习及清代史学考证法》，商务印书馆 2014 年版，第 18—19 页；另参第 30、42、114 页）由此可见，陈垣著史，也是倾向于"将正文作为一个整体去书写"的。

不止一位当代的批评家指出，脚注妨碍了叙述。（第 92 页）

在其《回忆录》中，吉本遗憾地谈到自己被人说动，用脚注破坏了叙事的外观。关于《罗马帝国衰亡史》的两个巴塞尔版，吉本写道："在其八开本的十四卷中，全部注释集中于最后两卷。读者硬要我将之从书末移至页下：而我常常为自己的顺从感到懊悔。"（第 302 页）

对脚注的此类疑虑，其实至今如是。如英国法学家哈特在其名著《法律的概念》中就特别说明："本书的正文既没有引用多少他人的著述，也很少有脚注。不过，读者在本书的最后将会看到大量的注释，我希望读者在阅读本书的每一章之后再去查阅它们……我如此安排本书的顺序，主要是因为书中的论证是连续性的，如果插过与其他理论的比较，就会打断这种连续性。"（《法律的概念·序言》，张文显等译，中国大百科全书出版社 1996 年版）

在《现代学林点将录》集结成书时，我也是出于类似的考虑，对各篇采取了尾注而非脚注的格式。

诺埃尔·科沃德以令人印象至深的方式表达了同一种观点，

他曾经将被迫去阅读脚注比喻为中断性爱而下楼去给别人开门。（第 92 页）

对脚注的香艳比喻，本雅明也有一个，他说："书籍中的脚注就是妓女袜子中的钞票。"（《单向街·13》，赵国新译，见陈永国、马海良编《本雅明文选》，中国社会科学出版社 1999 年版）只是意思显得含混，不知是褒喻，还是贬喻。

意大利以及阿尔卑斯山以北的人文主义者们追踪着古典楷模的提示，通过系统地运用上述的实践手法，揭穿了实乃伪作的权威文献的真面目。例如洛伦佐·瓦拉就粉碎了《君士坦丁的赠礼》的真实性。……瓦拉不但深谙拉丁语的习惯用法、还是一位古代修辞传统的大师，他运用自己的知识展示了，《君士坦丁的赠礼》不可能是由一位生活在公元 4 世纪的罗马人写的。（第 95—96 页）

关于此公案，吕大年先生的《瓦拉和"君士坦丁赠礼"》一文有详实而清晰的述评，或系汉语文献中的最佳总结了（见《读书纪闻》，浙江大学出版社 2012 年版）。

对于中世纪以降的教会，尤其是教皇权力的合法性方面，《君士坦丁的赠礼》是决定性的文件，瓦拉力辨其出于伪造，自有其反教会的思想背景。在中国学术史上，最可与之相提并论的，我以为当数清初阎若璩的《古文尚书疏证》。今存《古文尚书》系宋明理学的核心文本，著名的"十六字心传"，所谓"人心惟危，道心惟微，惟精惟一，允执厥中"，即出于其书，故阎若璩辩其伪，也是有着反理学的思想背景的。《君士坦丁赠礼》之绝顶重要，实系于基督教的背景，《古文尚书》之绝顶重要，实系于宋明理学的背景；而瓦拉之于《君士坦丁赠礼》，与阎若璩之于《古文尚书》，在学术史立场，同是一种辩伪工作，而在思想史立场，又同有反抗一元思想统治的用意。因此二者的意义和影响都极巨大，构成了学术史和思想史的"事件"。

> 虽然他（赫尔曼）非常不喜欢他的对手、另一位古希腊专家奥古斯特·博伊克，但还是从后者新编的品达诗作的第一卷中学到了很多东西。……赫尔曼告诉他的学生们，博伊克运用品达著作手抄本时的考证方法堪称范例，即对这些手抄本之间的联系——做出系统的研究——至此，这已然触及了后来兰克的史学方法中的核心信条。（第111页）

讨厌其人是一事，对其人作出学术评价是另一事，恶而知其美，忠于学术本位，是为学术真诚的体现。莫米利亚诺在讨论17世纪耶稣会士与本笃会士作学术论争时提道："在基督教会和王室内的冲突上引入古文物学讨论确实代表了明确的改进，人们认为相对于妥善使用铭文和档案文件，诡辩和谩骂不再有效，因而不再受欢迎。马比荣驳斥丕皮布洛奇时发表了《古文书学》，丕皮布洛奇是第一个祝贺他的对手的人。"（《现代史学的古典基础》第三章，第96页）这种学术风度，与赫尔曼是一致的。

过去我也谈论过，容庚在沦陷时期曾任北大教授，抗战后被北大代理校长傅斯年开除，而且傅后来还被中共列为战犯，但即便如此，容庚在学术上对傅仍做到实事求是，教学生说："殷商族实出自东夷，傅孟真先生有其精妙之论矣，学之者切不可等闲置焉。"（《现代学林点将录》容庚条，第 330 页）这当然也是丕皮布洛奇、赫尔曼式的风度了。

作为一名敏锐的历史批评家，伏尔泰对史料缺乏尊重是众所周知的；他对这门"由事实和年代组成的空洞而贫瘠的科学"的轻视更是臭名昭著。（第 130 页）

这一点，作为格拉夫敦的老师，莫米利亚诺在讨论近代古文物研究时讲述得更充分，并且还提到了脚注："尽管古文物学者因为妥善使用非文献证据而获得了许多历史学家的尊敬，他们也同时树立了许多危险的新敌人，他们不再能够依赖与哲学家的传统联系。法国百科全书学派对博学研究宣战，而且获得胜利。……伏尔泰完全废除了脚注。"（《现代史学的古典基础》第三章，第 98—99 页）

吉本对罗马衰亡所做出的解释大体上还是传统式的。但是，他将此前的学术传统中的海量知识与 18 世纪文人的高雅文风结合到一起的能力，依然博得了人们的赞誉。而且，正是这一能力，使吉本得以开创在他的时代似乎完全不可能的哲思式史学与博学式史学的综合。（第 134 页）

这一点，莫米利亚诺也已指出。他说《罗马帝国衰亡史》是哲学和博学相结合的产物，"我们知道吉本是多么强烈地意识到自己既是古文物学者也是哲学家——也就是说，他是一个像古文物学者那样热爱细节和非文献资料证据的哲学历史学家。"（《现代史学的古典基础》第三章，第99页）不过，他指出哲学和博学的结合是一时风气，吉本并不是一峰独秀的。

如果将格拉夫敦形容艺术史家潘诺夫斯基的话，放到吉本身上，也极贴切，而且显然更为生动——"同时具有跳伞者的全局视野和松露采集者那种对细节的专注"（据陆扬《把正文给我，别管脚注》）。

有一位牛津贝得奥尔学院的戴维斯先生——除了《罗马帝国衰亡史》一书的读者之外，现在已经无人能识此君了。他轻率的抨击不但指向了吉本的正文，还有书中的脚注……戴维斯指责吉本破坏了作脚注的所有基本规矩；堆砌引文，却不考虑所引权威作者之观点彼此不合；断章取义，旨在压制不利于自己的史实或观点；依赖二手材料，却不明确引用；还有就是剽窃。（第135页）

格拉夫敦显然站在了吉本一边，而且客观上说，吉本其人其书的经典地位也已无可动摇，可是，对他的批评，难道就没有一些合理之处吗？其脚注是否确有其不足呢？

英国近代作家贝洛克，作为吉本的同胞，对吉本的攻击也异常严厉，甚至比戴维斯犹有过之。他写过一篇随笔《谈脚注》，专门揭脚注之短，首先即举吉本为反面教材："我发现脚注首先出现种种恶习或堕落的第一本重要著作便是吉本的。其中最主要的一种恶习很可以说是最严重的一种，我必须承认没有人像吉本用得这么好。在这方面他很有天才，一如其他许多方面。这就是利用脚注欺骗普通人，一般的读者。吉本的著作满是这种脚注。他最喜欢的做法是先在正文中发出虚假的言论，然后在脚注中加以限定，所用的措辞使有识之士不能和他争辩，而无识之士则彻底受骗。"在另一篇《谈历史证据》里又说："脚注的泛滥有两个源头：一个人用参考资料作为证据以表明自己诚实的欲望；某个观点若在正文中阐明容易使句子变得太复杂、笨拙，因而想要另作说明。两种用法都可以在吉本的著作中看到极致。上一代人的脚注主要是，有时候完全是用作习惯性的装饰和吓唬目的，不是为了更明白或显得更诚实，而是为了欺骗。"（皆见《无所谈，无所不谈——贝洛克随笔》，黄金山译，东方出版中心 2009 年版）

在学术的淘汰赛中，吉本早已是胜出了，但正因如此，我们要考虑到：在知识发展史上，也是成者为王、败者为寇的，一旦时过境迁，成功者总是独占了风骚，其缺点很容易为后世的膜拜者忽略，而失败者往往身名湮没，即使本有正确的地方，也无人喝彩了。戴维斯、贝洛克的批评，必属过当，但最低限度，也可以让我们了解吉本成名时代的真实语境，他的史学地位远不是毫无争议的。

顺便说一句，贝克尔在《谈脚注》中还提到一种恶习，即"抄袭他人脚注的习惯"，"这种恶习很普遍，一点点机灵就可以掩藏一个人的劣迹。"很显然，汪晖式的"伪注"是古已有之的了。

尽管贝尔奈斯本人是一位学术史的专家，还为自己简短而雄辩的著作编写过丰富且博学的附录，他却对这种炫耀博学的文字性附属物并没有多少好感。在他的一部著作中，详细的尾注占据了全书四分之三的篇幅……（第 145 页）

　　对脚注不抱太多好感的人，尚且写出了注释超过正文的著作，足见脚注泛滥现象的普遍。

　　18 世纪前期，德国哲学家沃尔夫在卸任普鲁士王国哈勒大学副校长一职时，曾作有关中国人实践哲学的著名演讲；此演讲以后正式出版，并另外增添了篇幅数倍于演讲原文的学术性注释（见《中国人实践哲学演讲》，李鹃译，华东师范大学出版社 2016 年版）。

　　在 19 世纪末的德雷福斯事件中，有位右翼法国评论家布伦蒂埃写了一篇《案发之后》，是反德雷福斯派最有分量的文字，其注释远长于正文，且包含了不少重要思想（见《批判知识分子的批判》，王增进译，中国社会科学出版社 2007 年版）。要知道，此文并非学术论著，只是论战文章，打笔仗义竟用了如此多的注释，益发可见脚注泛滥现象的蔓延。

　　他们（英格兰学者）做了希腊人没有做的事，及收融合了中世纪讲述系谱传承的传奇故事中那些繁复脉络，将北欧诸族和王室的源头追溯到被希腊人流放的特洛伊贵族先祖。这对于英格兰（和法兰西）的民族自豪感来说至关重要——也关系到宫廷节日和公众庆典中展示哪些画像。（第 175 页）

罗马人早就将自身的起源归于特洛伊王子埃涅阿斯（参高峰枫《埃涅阿斯传说的演变》，《启真》第三辑，海豚出版社2013年版），英格兰人的这种民族溯源，不过是罗马建国神话的盗版。从人类学的立场，无论是罗马的口头传说，抑或英格兰的历史书写，都属于王明珂先生所谓"英雄徙边记"的模式。王先生指出，中国边缘地区的国族，如朝鲜、东吴、滇和西羌，各有其英雄祖先来自中原的传说（见《英雄祖先与弟兄民族：根基历史的文本与情境》第五—七章，中华书局2009年版）；而罗马、英格兰的王室来自特洛伊之说，其实与之如出一辙，其作用都在于为自身——作为后进的边缘族群——提供一种"高大上"的历史出生证明而已。

还有，近代以前，尤其是德川幕府时代，不少日本人相信其皇家祖先系吴太（泰）伯（即"泰伯奔吴"之泰伯）之后（见吴伟明《德川日本的中国想象：传说、儒典及词汇的在地化诠释》第二章，清华大学出版社2015年版），也属于此类"英雄徙边记"的范畴。

他（德图）用拉丁文写过一篇令人赞叹的散文，其文辞是如此醇美，以至于当几个到巴黎访问的德意志人发现这位作者只能写拉丁文，而不能如他们那样说拉丁语的时候大感震惊。（第177—178页）

由于基督教会的关系，源自罗马时代的拉丁文沿用至中世纪乃至近代早期，客观上成为了欧洲的学术通用语；而汉字之于古典时代的东亚文化圈，亦正如拉丁文之于西欧文化圈，东亚文化圈内的朝鲜、日本、琉球、越南，都以汉字作为高雅的通用语。那些习得汉文化的人，更重视纸面的文字，而非实际的口语，故与汉人交际，经常采取"笔谈"的方式——就像德图于拉丁文能写不能说那样。

德图只有一件事不做，那就是加上脚注。（第187页）

不加脚注的学术著作，其实到了现代也还是有的。律师出身的德国法学家罗门，其《自然法的观念史和哲学》一书的德文原版就完全没有脚注，而英文版的脚注是译者加上去的。译者特别指出："近些年来，除了那些针对有限的学术圈的著作之外，脚注的使用在减少。当学者为一般公众写作、甚至为受过教育的那部分公众写作时，他们习惯于省略所有的学术性做法。人们认为，他们的名气就是他们提出的那些没有文献依据的说法，及他们所引用的语句的真确性的保证。"不过，译者话风一转，又说："尽管如此，最好的做法，还是改造本书使之完全适合盎格鲁-撒克逊的文化气氛，充分地利用脚注这一现成的工具。"（《自然法的观念史和哲学·英译者前言》，姚中秋译，上海三联书店2007年版）这么说，英语学界似比欧洲学界更习惯使用脚注；那么，如今我们对脚注的重视，想来更多是受到新大陆学风的影响吧。

琼森用权威作品为其脆弱的文本筑起坚固的篱笆。他让页边注布满了长长的参引古典历史著作和现代专著的详细列表。……琼森将叙事与他如此倚重的语文学、古文献学结合在一起，也许是想要写成一种历史考证剧。（第190—192页）

在形式上，金庸的武侠作品不及剧作家琼森那么"严谨"，但也算得上有点"历史考证小说"的性质。（周运按：琼森本人是博学之士，还是藏书家，甚至藏有几种中世纪写本，所以成了有考据癖的剧作家。）早期的《碧血剑》，"真正主角其实是袁崇焕"，尽管在小说中他根本未出场；金庸后来特意补写了一篇有不少尾注的《袁崇焕评传》，附于《碧血剑》之后，这就很有"历史考证"的味道了。最后一部《鹿鼎记》，不时夹杂着以"按"的形式出现的说明，相当于随文注或尾注，比如第三十六回末的按语："俄罗斯火枪手作乱，伊凡、彼得大小沙皇并立，苏菲亚为女摄政王事，确为史实。但韦小宝其人参与此事，则俄人以此事不雅，有辱国体，史书中并无记载。其时中国史官以未曾目睹，且蛮方异域之怪事，耳食传闻，不宜录之于中华正史，以致此事湮没。"又如第四十八回写韦小宝参与了尼布楚条约的签定，也夹有按语："条约上韦小宝之签字怪不可辨，后世史家只识得索额图和费要多罗，而考古学家如郭沫若之流仅识甲骨文字，不识尼布楚条约上所签之'小'字，致令韦小宝大名湮没。……本书记叙尼布楚条约之签订及内容，除涉及韦小宝者系补充史书之遗漏之外，其余皆根据历史记载。"这种脚注式的说明，亦真亦假，自然是对学术注释的戏仿了。

不过，金庸跟琼森又不尽相同。有些情节，他确是在实事求是地作"历史考证";但有些情节,如上述《鹿鼎记》两例,却是有意将明显的虚构当成真人真事来叙述,只是对"历史考证"的戏仿。而新垣平的《剑桥倚天屠龙史》(修订珍藏版,凤凰出版社 2012 年版)、《剑桥简明金庸武侠史》(长江文艺出版社 2013),则是有意将金庸整个的武侠世界当成了真实历史,并借用"剑桥史"的学院式体裁构拟出来,就应当说是双重的戏仿,是戏仿的戏仿。

此外,匈牙利作家久尔吉的《1985》(余泽民译,上海人民出版社 2012 年版)——是呼应《1984》之作,可视为《1984》的续集——也在体裁上模仿了历史报告,更包括大量冠以"历史学家批注"名义的脚注,是对"历史考证"更逼真的戏仿,跟新垣平的文本有得一拼。

还有本奇书或许也值得提一下:余世存、赵华、何忠洲的《类人孩:〈动物庄园〉另类解读》(珠海出版社 2007 年版)。此书采用注释方式,钩稽共产主义运动史和苏联史的实事,以诠解奥威尔那部政治寓言。不妨说,它的用意是为奥威尔"发皇心曲,代下注脚",是代替奥威尔完成一部"历史考证小说"。

> 他(约瑟夫)还机智地称,如果支持犹太人的文献是由犹太人的敌人写的,那它就特别可靠和可敬。(第 225 页)

对于这里的意思,《脚注趣史》里有一条"内证",第七章在论述 17 世纪学者皮埃尔·培尔及其《历史与考证辞典》时,提到他有这样的看法:"所有写作者,不管是异教徒还是基督徒,都为了谴责对手而有意歪曲……"（第264页）我们知道了这一重背景——故意扭曲史料的情形是如此普遍，那么，不隐没对信仰之敌或政治之敌有利的史料，就确实是一种美德了。

《编年史》（《意大利编年史》）的德文译者赞扬穆拉托里系统地运用了原始史料，这为他看上去密密麻麻的著作赋予了"其真正的生命"。但译者希望自己的译本胜过原作，恰恰因为他检查过穆拉托里的原始史料并补充了注释。（第243页）

这种在翻译学术著作时另添补注的做法，我在《现代学林点将录》里也提到过："民国时从事汉学中译者，自身多系此道的专门家，故每能合翻译与补正为一事。"最知名的，如冯承钧译沙畹的《西突厥史料》，陈裕菁译桑原骘藏的《蒲寿庚考》，赵元任、罗常培、李方桂译高本汉的《中国音韵学研究》，王古鲁译青木正儿的《中国近世戏曲史》；还有西籍中译，如雷宾南译戴雪的《英宪精义》，潘光旦译蔼理士的《性心理学》，萨孟武译奥本海的《国家论》，也都是如此（详见《现代学林点将录》沙畹条，第561页、第563页）。

这种风气在当代是难以为继了，但据我的闻见，至少还有几例：范景中译贡布里希的《艺术的故事》（见《艺术发展史》，天津人民美术出版社1992年版；又有单行本《〈艺术的故事〉笺注》，广西美术出版社2011年版）；韩振华译夏德、柔克义合注的《诸蕃志译注》（《诸蕃志注补》，韩振华选集之二，香港大学亚洲研究中心2000年版）；徐泓译何炳棣的《明清社会史论》（台北联经出版事业股份有限公司 2013 年版）。

17 世纪晚期最伟大、最有影响的史学编纂著作之一不仅有脚注，而且很大程度上就是由脚注——甚至是脚注的脚注——构成的。在皮埃尔·培尔这本竟然成为畅销书的《历史与考证辞典》那大幅的页面上，读者好似行走在一层又薄又脆的正文上面，在其脚下，是幽深、漆黑的沼泽般的评注。（第 260 页）

读者常常会问，培尔将其著作中最骇人、最不敬的段落放在参考资料而不是正文中，是不是希望借此躲过审查。（第 266 页）

在培尔的时代，与《历史与考证辞典》体例接近的著作，还有塞缪尔·克拉克译注的《物理学》、埃德蒙·劳译注的《论罪恶的起源》，其共同特色在于都有大量评注和脚注，并且译注者都有意地以"注"代"著"，将一己的"非常异议可怪之论"隐藏在这些评注和脚注里（据玛丽娜·弗拉斯卡-斯帕达、尼克·贾丁主编《历史上的书籍与科学》第九章，苏贤贵等译，上海科技教育出版社 2006 年版）。

这种情形，在我特别容易理解，我在《陈寅恪诗笺释》里，对个别涉及敏感问题的史料也是这么处理的。在此意义上，不妨说，脚注是学术"猛料"的避难所。

（周运按：格拉夫敦本人的成名作《斯卡林杰》两大册，其下册就相当于是对斯卡林杰历法作品的注释。甚至他的思想史研究也有注释专家的风格，其著作恰似一个个篇幅超长的注脚，以前谈卡尔达诺、开音勒，后来谈 Isaac Casaubon、伊拉斯谟，还有专门研究文本的批注和使用痕迹，都是如此。）

培尔通常被视为教导启蒙时代知识人怀疑一切的思想家。把他当作历史学学问的一名奠基者，这看惟颇为奇怪。……这个将历史视为"不过是人类罪行与不幸"的人当然不会持有德图或吉本那样的乐观主义。（第 264 页）

培尔说历史是"人类罪行与不幸"的出处，我不知道，但我知道，相信很多人也知道，乐观主义的吉本在谈论罗马皇帝安东尼·皮乌斯时，也说过类似于培尔的名言："说穿了，历史往往不过是人类的罪行、愚蠢和不幸遭遇的记录而已。"（《罗马帝国衰亡史》，商务印书馆 1997 年版，上册第 78 页）他是有意无意地受了培尔的暗示吗？此外，比吉本年代更早的伏尔泰也表示历史"集人类的罪恶、愚蠢与不幸之大成"（据威尔·杜兰特、阿里尔·杜兰特《历史的教训》，倪玉平、张闶译，中国方正出版社、四川人民出版社 2015 年版，第 61 页），年代更晚的雪莱也说过："我决意专心于一种学问的研究，这种学问是我的心灵所厌恶的，然而是那般愿意改良古声的恶习的人所必需的。我的意思就是指罪恶与不幸的纪录——历史。"（据史高脱《史学与史学问题》，翁之达、谢元范译，开明书店 1934 年版，第 119 页）

早在兰克使得钻档案馆蔚然成风之前，比耶林就已经在一本饰有脚注的著作中指出，档案馆会误导人。（第 279 页）

在经历了"后现代史学"冲击的今天，大家多会听闻娜塔莉·泽蒙·戴维斯的名著《档案中的虚构》(有杨逸鸿译本,台北:麦田出版社 2001 年版;又有饶佳荣等译本,北京大学出版社 2015 年版)。那么,这位比耶林可算是揭示"档案中的虚构"的先知了。

其实在情理上,我们可以想象,大凡世故的,或有政治经验的学者,并不难认识到"档案虚构"现象,又岂待后现代的新文化史学派呢?比如前面引用过的史高脱(E.Scott),就明白指出:"吾人每易于想象,以为揣摩印行的政府公报,就可认为稳靠的根据;但曾研究过这种文件的底稿的人,方知道常被窜改。当时所认为'不便宣布'而被删除的章节,往往是最重要的。"他在注释中更举出亲闻的事情:"米尔斯博士告诉我:当他在公共档案处内著作他的《澳洲殖民史》一书的时候,他惊异竟发现国会讨论的重要公文和会议报告书所印有的记载是常常这样编辑——往往删去不便宣布的章节——以致他永不敢依赖那种印行的文字,虽其中并无删去任何部分的痕迹。"(《史学与史学问题》,第 160、180 页)

《脚注趣史》出版后,对于此书引进有推荐之功的陆扬先生还写了长篇书评《把正文给我,别管脚注——评格拉夫敦和他的〈脚注趣史〉》(《清华大学学报[哲学社会科学版]》2014 年第 5 期),对格拉夫敦其人其学作了述评,并且贡献了一点学术八卦,为我们读《脚注趣史》提供了颇有价值的帮助。对此文中的个别片断,今亦一并作了补注,附录于此。

中古史大家康托洛维奇（按：《脚注趣史》译作坎托罗维奇）的成名作是中古重要的神圣罗马帝国君主弗里德里希二世的传记。据说他先出版了不带脚注的正文部分，结果其论点之新异引起德国学界对他学术水准的怀疑。面对汹汹而来之指控，康托洛维奇随后"不慌不忙"地出版了内容详赡的脚注部分，结果"秒杀"了他的批评者。

容我再次拈出自己的书来说事。《现代学林点将录》本是应《南方都市报》之约而作的，我撰写时，是连同注释一块写出的，但在报纸上连载，当然不可能容纳注释。而在连载过程中，我多少也面对着"汹汹而来的指控"——包括陆扬在博客里的嘲讽。那么，是不是也可以说，等我出版了"内容详赡"的注释版《点将录》，也"秒杀"了我的批评者呢？

（周运按：《脚注趣史》里也谈到了坎托罗维奇因省略脚注而引发风波的这个例子。诺曼·康托尔在《发现中世纪》一书里更有专章生动地论述此事。格拉夫敦没有述及康托尔此书，陆扬在书评里解释是因为他看不起康托尔此书，故意省略不提——这也正是格拉夫敦自己所说的通过脚注暗示臧否，"脚注提到某某、忽略某某都是一种表达。这种忽略某位学者或者某部著作的做法相当于一则敌对声明，或称除忆诅咒"。康托尔此书，对以彼得·布朗为首的普大史学派不以为然，指他们不过是牛津索瑟恩 [Southern] 的老套路；而格拉夫敦正是普大派的大将，故他于康托尔，实有学派私怨在。康托尔敢于讽刺这些史学大佬，惹得学界大愤，很有斗士的劲头。）

文人共和国是以通讯方式组成的一个跨越欧洲的学术文化共同体，这群对知识孜孜以求且精力旺盛的学者，大部分是胡格诺教徒，但也包括耶稣会士等天主教人士。……这一群体通过书简来交换意见、分享成果和相互声援，并以鲁汶、莱顿、鹿特丹、巴黎、伦敦、布拉格、罗马等大都市为据点来传播他们的声音。格拉夫敦从学术角度对这一现象的研究使我们不得不重新认识宗教改革到启蒙运动时期的文化。

这种以书信为中介而形成的"文人共和国"现象，大致同时代的中国也存在着。梁启超曾指出："清儒既不喜效宋明人聚徒讲学，又非如今之欧美有种种学会学校为聚集讲习之所，则其交换智识之机会，自不免缺乏。其赖以补之者，则函札也。后辈之谒先辈，率以问学书为贽——有著述者则媵以著述——先辈视其可教者，必报书，释其疑滞而奖进之。平辈亦然，每得一义，辄驰书其共学之友相商榷，答者未尝不尽其词。凡著一书成，必经挚友数辈严勘得失，乃以问世；而其勘也，皆以函札。此类函札，皆精心结撰，其实即著述也。此种风气，他时代亦间有之，而清为独盛。"（《清代学术概论》之十七）

此种风气，降及民国仍不绝如缕，其例举不胜举。如罗振玉与王国维之间，傅增湘与张元济之间，胡适与王重民、杨联陞之间，皆频繁往来，至今有大量论学书信存世；至于熊十力与吕澂之间，则更以书信作为学术论争的媒介。甚而有径以书信作为著述格式的，旧派如张尔田，其《遯堪文集》中触目皆可见此类文字；而新派如顾颉刚，其《与钱玄同先生论古史书》更是现代史学最轰动的文献之一。近年海外的华裔语言学家梅祖麟回顾："我跟高友工、罗杰瑞、潘悟云都曾经密集通信，一个月两三封，连续一两年。信上所谈到的看法，以后就发表成为文章。我们的信上引经据典，还带上方言里的证据。罗杰瑞很重要的闽语有三个时间层次的文章，最初是信上看到他的想法。《福建政和的支脂之三韵》，也是信上先看到的。"（《我的学思历程》，《汉藏比较暨历史方言论集》，中西书局 2014 年版）这显然是中、西"文人共和国"的流风余韵了。

从书信角度研讨中国学术思想史，揭示其无形的"学术共和国"，显然也是有意味的取径。

（原刊《东方早报·上海书评》2015 年 1 月 18 日、1 月 25日、2 月 1 日）

读《文雅的疯狂》三题

[美] 巴斯贝恩的《文雅的疯狂：藏书家、书痴以及对书的永恒之爱》（陈焱译，上海人民出版社 2014 年版），确是一部有意思、有价值的书。作为一本有关书的书，而且还是大书，此著自然颇受爱书人的瞩目。但此著从书名到译介，都突出其"书话"方面，而我更重视其"文献搜集"方面。在我看来，此书的好处，是作者的藏书观甚为通达，不仅写到书痴与书林豪客，也写到文献采集者；它不仅是藏书史或藏书家轶事录，也可谓藏书风尚史，还是史料搜集史与图书播迁史。

以下仅就书中所及，写出个人较有感想的几点。

藏书的"厚今薄古"

以前我写过《关于近世中国文献之东流》（《洛城论学集》，

浙江大学出版社 2012 年版）一文，批评了本土传统藏书家的
"保守的文献观"，即"厚古薄今"，重版本而轻资料，重文物性
而轻使用性，重士人著作而轻社会生活记录。而在《文雅的疯
狂》里，作者介绍了相当多"厚今薄古"的藏家，于我心有戚
戚焉。

　　最突出者，当数第三章所述的 17 世纪伦敦书商托马森，在
英国内战前后，他冒险犯难，倾力搜求敌对双方的出版物两万
余件。此类出版物不限于书籍，更包括小册子、单页印刷品，
都属当时无人重视无人收拾的"断烂朝报"，在古本崇拜者看来
更是近乎废纸，但后来卡莱尔评曰："此套英国历史文献，价值
之高，无出其右者。俾吾国今人可知昔人，视藏于伦敦塔及他
处之全部羊皮档案，托马森所藏更得我心。"这堪称新史料收藏
的典范，最能显出学术性收藏的特色，也最能显出学术性收藏
与文物性收藏的差别。（周运按：此点也可以举牛津大学出版社
印刷负责人约翰逊为例，他把别人丢弃的，甚至废纸篓里的印
刷材料都收集起来，其中有 17 世纪早期出版建议书、书介、书
籍封面乃至样张、版权、拼写、设计的收藏，还有配制饮料的
说明书、妇女紧身衣广告之类，前后跨越三百年。这些印刷品
的边角废料成为重要的出版史料，是"现存印刷品的最丰富收
藏"，在牛津博德利图书馆有专室公开展览［《OED 的故事》，
上海人民出版社 2009 年版］。对于文献的学术价值的发现，往
往是随着时间推移而发生变化的。如 1648 年 7 月，瑞典军队占
领布拉格莫尔道河左岸的赫拉丁皇家城堡，把鲁道夫二世的图

书与写本收藏打包运到斯德哥尔摩的皇家图书馆。藏书中有 *Codices Chymici*，是一批关于炼金术的写本，但不久后接任馆长职务的主事者艾萨克·弗修斯 [Isaac Vossius] 对这批文献评价不高，老想通过交换古典文献的手段把它们清理出去，后来还想直接将它们售卖。到了 20 世纪，学界才认识到这批文献的在科学史研究方面的重要价值。）

新大陆历史甚短，其藏书家但凡重视本土者，自多搜集近当代文献，第四章于此叙述颇多。如历史学家巴克曼，在美国内战才结束时，即开始搜集内战期间南部出版的所有图书、报刊、传单，乃至乐谱、历书；任职外交官的里奇，利用驻西班牙的机缘，广泛收集有关南北美洲的刊物与文件；中年始开始涉足藏书的伦诺克斯、布朗，稍后的布林利、弗曼，更晚的班克罗夫，都用力于收集有关美洲的书籍与手稿，前两人特别重视"任何与哥伦布相关之物"，布林利更重视短期印刷品，弗曼侧重西印度群岛与西太平洋的文献，而班克罗夫则专注于西部（加利福尼亚）史料。（周运按：美国伊荷华书商维森 [Wessen] 经手过很多重要的美洲文献，因而被誉为"伊荷华的猎书客"，对其主顾之一的斯特里特 [Streeter] 有重要影响，助其建立了著名的收藏系列。斯特里特曾买下维森的著名目录 *Midland Notes* 所收录的全部藏品，维森 1967 年 5 月 2 日给安德森三世 [Yeatman Anderson III] 去信时提及此事 [*Rare Book Lore: Selections from the Letters of Ernest J. Wessen*, ed. Jack Matthews, Ohio UP, p. 218]。斯特里特去世后，藏书于 1966—1969 年期间

183

全部拍卖，拍卖目录凡八卷；而该目录本身亦被美洲文献收藏家和书商视为无价的参考书，售价竟达 500 美元以上。维森的另一位主顾埃弗里特 [Charles P. Everitt] 是当时美国屈指可数的藏家之一，也专门收藏美洲文献，著有经典自传：*The Adventures of a Treasure Hunter* [1951 年初版，1987 年重印]。）

他者如，第一章所述的英国人萨德利尔，首开搜集 19 世纪英美小说初版本的风气；第八章所述的美国人伯登，专门搜集 20 世纪美国文学名家的初版本；第九章更专门介绍，在教务长兰塞姆主导下，得州大学锐力网罗 20 世纪的图书及相关学术藏品。

看到这些个案，我总想着本土的藏书家，可喜的是，抱有类似收藏观的中国人并非没有。仅就学者群体来说，前辈阿英大量收集近代文学史料，堪称此道的先行者；当代如田涛（契约文书、法学文献）、王振忠（徽州文书）、周振鹤（近代文献）、谢泳（民国文献），诸人领域各异，规模不等，但在实践上无不重视晚近文献。

还有，从托马森、巴克曼之例，我首先想到了赵一凡：被称为"收藏了一个时代的人"，以孤单之力，残疾之身，收藏了数以吨计的五六十年代文献资料，上至官方报刊、"内部发行"的图书、学习资料、大字报、标语，下至文革初期的小报、未刊文学作品手抄本、私人信件，巨细不遗（参廖亦武主编《沉沦的圣殿：中国 20 世纪 70 年代地下诗歌遗照》第三章，新疆青少年出版社 1999 年版）。我还想起高尔泰笔下的安兆俊：原本研究新疆史的右派，在夹边沟劳教农场，他指着农场右派编辑的《工地快报》对高表示："别看它废纸一张，将来都是第一手历史资料，珍贵得不得了。我一直留心收集，一张都没少掉。着眼于将来，现在就有了意义。"（《寻找家园·安兆俊》，花城出版社 2004 年版）可惜赵一凡所藏，身后大多被当作废品卖掉，应已化为纸浆（徐晓《半生为人·无题往事》，中信出版社 2012 年版）；而安兆俊其人其事，更是湮没无闻——他所珍重视之的夹边沟《工地快报》，想必也悉数灰飞烟灭了。

照我的感觉，如今说到藏书，很自然地就会滑向韦力先生所标举的"古书之美"；尤为极端者，如黄裳、拓晓堂先生对田涛的收藏也表示轻蔑（韦力、拓晓堂《古书之媒：感知拍卖二十年摭谈》第六章，广西师范大学出版社 2014 年版），更十足表现出一种古董家式的古本崇拜。（周运按：对于古书，学问家有时跟古董家的态度正相反。俄罗斯宗教思想家舍斯托夫曾回忆他跟胡塞尔在 1928 年 4 月的阿姆斯特丹哲学会议上初识后的一件逸事："几天后，我们两个和哲学协会另一个人一起用晚餐。餐后，我们的东道主，他很有钱，也是个狂热的爱书人，开始给胡塞尔展示一些他的珍版书——《纯粹理性批判》第一版和斯宾诺莎《伦理学》——而胡塞尔却让我们的主人极为懊丧，他只对这些珍版书敷衍地瞥了一眼，片刻之后就带我到一边，开始谈哲学了。"["In Memory of a Great Philosopher：Edmund Husserl," in *Speculation and Revelation*, trans. Bernard Martin, Ohio University Press, 1982, p. 268] 胡塞尔当时把哲学视为精密的科学，不仅反对新康德派，甚至也反对康德本人，所以对《纯粹理性批判》抱有轻视的态度也属正常。但此事仍可见他对珍本书收藏是相当轻视的。当然，学问家未必不重视古本，只是他们即使重视古本，也多出于学术本位而非古董本位。比如，费弗尔在写作关于拉伯雷及其时代的思想史名作《十六世纪的无信仰问题》时，就抱怨研究所需的很多珍本书在法国的图书馆里找不到；而英译者则自豪地表示，他依靠美国的图书馆就都解决了；卡洛·金斯堡 [Carlo Ginzburg] 在美国加州大学洛杉矶分校讲授马基雅维利时，就带学生到图书馆，把马基雅维利生前刊行的各种著作版本都找出来，让学生去比对。）而我以为，韦力及韦力式的藏书家，作为传统式藏书观念及实践的继踵者，在当代是不可无的存在，但自学术立场论，安兆俊、赵一凡是更值得致敬的，田涛、王振忠、周振鹤、谢泳是更值得效仿的。

不仅如此。现在已是后文本的时代了，是图像称王、数据独霸的时代了，我们的收藏观念是不是也得与时俱进，是不是要从文本拓展到图像乃至网络呢？（周运按：英国著名历史学家休·特雷弗-罗珀 [Hugh Trevor-Roper] 1956 年 4 月 13 日在给艺术史家贝伦森的信中提出："我有时在想，在人类历史中，把图像和书籍进行对比，会发现一个很有意思的变迁。中世纪崇尚图像，宗教改革者则崇尚书籍。16 世纪，他们争吵得难解难分，宗教改革者印刷了更多的书籍——书籍在指责图像——因而天主教会发明了《禁书目录》，焚烧这些书籍，并制作更多的图像。改革者因而被杀头、打败和摧毁。启蒙运动是一个书籍的伟大时代，而今天我们却又是生活在一个图像世界里。……今天的新教徒……仍然是［崇尚］书籍的芸芸大众。作为一个天生的新教徒，我为此感到遗憾：我遗憾的是，对书籍的崇拜退化成了一个教派——而且还是这样只崇尚一本书的宗派成员！"见 *Letters from Oxford:Hugh Trevor-Roper to Bernard Berenson*, ed. Richard Davenport-Hines, Weidenfeld & Nicolson, 2006, p. 197）

藏书"自近身始"

《文雅的疯狂》第一章集中介绍了多家极有特色的主题藏书：纽约的阿伦茨，作为烟草生意的家族传人，作为雪茄制造机的发明者，他专门收集有关烟草的图文资料，包括文学、绘画作品，甚至香烟牌；芝加哥的绍特马里是名厨兼餐厅老板，收集有关饮食的一切文献，还主编过一部十五卷的《美国烹饪图书集成》；（周运按：维兰［Anne Willan］是著名的法国食品烹饪专家，与其夫君马克·车尔尼亚夫斯基（Mark Cherniavsky）一生收藏欧美古旧的烹饪书籍。他们合著有 *The Cookbook Library: Four Centuries of the Cooks, Writers, and Recipes That Made the Modern Cookbook* [The University of California Press, 2012]，论述从 16 到 20 世纪烹饪书的作者和出版，主要即依靠他们几十年收藏的书籍资料。他们列举了一些藏家渴求的珍本：

斯卡皮［Scappi］的《著作集》［*Opera*, 1596］，是当时最权威的烹饪书，印制于威尼斯，有近三十幅木刻插图，展示了文艺复兴时期最佳的插图艺术；《新英格兰烹饪术》［*New-England Cookery*, Lucy Emerson, 1808］的初版，也是唯一的版本，美国最早的烹饪书；《论修道院团体的管理》［*De institutis coenobiorum*, 1491］的原版，最老的烹饪书；柴尔德［Julia Child］的《烹饪的愉悦》［*The Joy of Cooking*］的初版；《法国的油酥点心》［*Le pastissier François*, 1653］的原版，现在所知仅有 29 册存世。）华盛顿的福兹海默原系中情局官员，收集与其秘密职业有关的书籍与文物，也即"间谍收藏"。第十二章讲到旧金山的诺曼，身为精神病专家，则收集科学、医学尤其是精神病学方面的古本秘籍。此外，第十一章又讲到：兰斯基，作为归化美国的东欧人，收集意第绪语——一种已为犹太人遗弃的语言——的文献；朔姆堡、布洛克森，作为黑人，收集有关美国黑人的文献。（以上所举例子，亦多见于作者的另一部专著《疯雅书中事：21 世纪淘书的策略和视界》第一、第五、第六章，卢葳译，生活·读书·新知三联书店 2010 年版。）此类林林种种的藏书，或生发于藏书者的职业，或生发于藏书者的种族，如此，主观的兴趣就与客观的身份互为激发，互为支撑。这样的收藏，于个人是有趣味的，同时于学术也是有价值的，很值得称许。

我在《现代学林点将录》里评点方豪的治学特色时，曾引录其门人的总结："先生治史则自近身始。身为教士，则治教士来华传教史；身在台湾，则治台湾史；先生数世居杭，余敢必言，先生治宋史，自南宋临安始。"以后撰写《藏物之道与近身之学》一文（《欲采蘋花》，南方日报出版社 2014 年版），评述王贵忱先生的治学时，就借用了"近身之学"这个概念。而《文雅的疯狂》所述的这些"自近身始"的藏书取径，在精神上也与"近身之学"相通，也不妨称为"近身之藏"吧。

大凡主题性的藏书，自然是较容易归于学问、用于学问的。例如第十章所述的鲍德温，专收莎士比亚时代的出版物，包括《圣经》、经典著作、布道文、教义问答集、祈祷书、民间文艺作品，种种丛残杂碎；王是基于个人藏品，他"重组了莎士比亚可能会用到的图书"，藉此写出了《论威廉·莎士比亚略懂拉丁文与不通希腊文》、《论威廉·莎士比亚童年时所受之教育》等专著。同样的，主题生的"近身之藏"，也较容易转化为"近身之学"。例如前述的黑人朔姆堡、布洛克森，都能将个人收藏的资料用于黑人历史的著述；后者还受曾祖父的经历启发，写出《地下铁路》一书，叙述早期黑奴逃奔自由的佚史。又如前述的王贵忱先生，曾任职银行，后来尽力搜求钱币文献，并用于研治钱币史之学。

若藏家能将"近身之藏"直接用于本人的治学，自然最好；即使不能，如阿伦茨、绍特马里、福兹海默那样，将主题藏书集中捐献给公共或大学的图书馆，也绝对是有功学术、嘉惠世人了。（周运按：著名中世纪学者 Richard H. Rouse [UCLA] 曾称普林斯顿大学图书馆所藏的中世纪和文艺复兴写本为北美三大收藏之一，其主体就是基于 Robert Garrett ［1875—1961］、Grenville Kaner ［1854—1943］、Robert H. Taylor ［1908—1985］、Lloyd E. Cotsen 等人的捐献 ［Don C. Skemer, *Medieval & Renaissance Manuscripts in the Princeton University Library*, Volume I & II, Princeton UP, 2013］。)

《圣经》的版本收藏

一部《文雅的疯狂》，到处可见《圣经》的影子。西洋早期活字印刷的书籍，即所谓"摇篮本"，多属基督教范畴，最古老的是古登堡《圣经》，其次为美因茨版《圣咏集》，也是基督教读物。美国最古的书籍是《马萨诸塞湾圣诗》，也即《圣经》的《诗篇》；被欧洲人公认为值得收藏的第一种美洲刊本，则是印第安语《新约全书》。其中古登堡《圣经》尤为书林大亨所必争，如第七章所说："若说藏书家有心目中的圣杯，毫无疑问就是这部书。"（周运按：为了说明《圣经》版本收藏的重要性，巴斯贝恩在《坚忍与刚毅》中举出一个例子：旧书商施赖伯 [Fred Schreiber] 在某书商的售书目录上见到一本 15 世纪的拉丁文布道集，作者是匈牙利的米歇尔，以 2500 美金买下。该书 1480 年印于鲁汶，书中插录了三节中古英语的引文。一开始，他怀疑这些引文来自《新约》；果然，随后他就在《约翰一书》1: 7 中找出了引文的第一节。那么，《圣经》这一段的英文翻译最早刊印于何时呢？施赖伯转念一想，应该就是这本布道集吧！于是他就在自己的售书目录上作了这样的说明：也许是最早印刷的英文《圣经》引文。标价4200美元。此书很快就被另一位书商维滕买去，当它不久以后出现在维滕的售书目录上时，标价已是16500美元了。此书最后就以这个价格被一个专门收藏《圣经》版本的私人图书馆购去。）这种现象，当然出于基督教在西方历史上的特殊地位。——与此相对，世界上最早的印刷品来自东亚，据说有敦煌《金刚般若波罗密经》、韩国庆州《无垢净光大陀罗尼经咒》、日本传世《陀罗尼经》、日藏吐鲁番《妙法莲花经》等多种说法；还有，最早的活字印刷品是《维摩诘所说经》。这些无一例外都是佛经。对于东西方印刷史和图书史来说，这个不约而同是既有趣味也有内涵的。

限于收藏条件，更限于文化趣味，一般中国藏书家跟《圣经》自是无缘的。就我所知，恐怕胡适是罕有的例外了。

胡适早年留美时，曾受到基督教的熏染，甚至一度有皈依的冲动，对于《圣经》也很熟悉。他后来回忆："后些年在北京大学时，我开始收集用各种方言所翻译的《新约》或《新旧约全书》的各种版本的中文圣经。我收集的主要目的是研究中国方言。有许多种中国方言，向来都没有见诸文字，或印刷出版，或作任何种文学的媒介或传播工具。可是基督教会为着传教，却第一次利用这些方言来翻译福音，后来甚至全译《新约》和一部分的《旧约》。……当'中国圣经学会'为庆祝该会成立五十周年而举办的'中文圣经版本展览会'中，我的收藏，竟然

191

高居第二位——仅略少于该会本身的收藏。这个位居第二的圣经收藏，居然属于我这个未经上帝感化的异端胡适之！"（《胡适口述自传》第三章）众所周知，胡适在文学上提倡白话文，也关注方言写作，在学术上也涉猎汉语的语言学、音韵学领域，他自称收集《圣经》版本"主要目的是研究中国方言"，自属可信，但是否还有其他因素呢？

据《文雅的疯狂》第五章介绍，1911 年，美国藏书家罗伯特·霍在纽约拍卖其珍藏，其中最令各方眼热的是一部犊皮印本古登堡《圣经》，最后以当时的超高价五万美元成交，得主是身为"有轨电车大王"的书林新贵亨廷顿。此事经由《纽约时报》大幅报道，甚受瞩目。而胡适正是在此年赴美留学的，他初来驾到，对于此事想必很隔膜；但他居留美国六年，此后当不难听闻此类书林掌故。因此，我以为不妨"大胆假设"：胡适收集中文版《圣经》，有可能受到西洋藏书观念的影响，也就是受到西洋人收集旧本《圣经》风气的影响。

对于方言版《圣经》，胡适并没有作过专门研究，但他对其语言学价值的重视，却颇有眼光。前些年，专攻汉语方言的游汝杰先生写过《〈圣经〉方言译本考述》一文（《著名中年语言学家自选集·游汝杰卷》，安徽教育出版社 2003 年版），由语言学的角度全面概述了中文版旧译《圣经》的基本状况；由此，足见胡适的收藏堪称空谷足音，在当时近乎"独孤求败"的境界——事实上，就连游汝杰这篇论文，也没有提及胡适这位汉语《圣经》收藏的先知。

此外，还要考虑到一点：在世界范围来说，中文版《圣经》的收藏，是为西洋人所无的，也是可补《圣经》文献史之缺的。

胡适这批最大宗的《圣经》私人收藏，我不清楚其下落。据悉，1948 年底，胡适所有藏物为北京大学接收，伹后来只有普通藏书仍存北大图书馆，善本则转予北图（今国图），书信、文件则转予中国社会科学院近代史研究所（参张洁宇《胡适藏书今何在》，《中华读书报》1998 年 12 月 2 日）。那么，这些《圣经》是在北大呢，还是在国图呢？是否还有集中"复原"的可能呢？

（原刊《东方早报·上海书评》2015 年 7 月 5 日）

补记：

西洋古文献的载体，自古代晚期开始，逐渐由卷子（roll）转变为册子（codex），而至今发现的早期册子本大多数是基督教文献。英国古文书学家罗伯茨、斯基特因之提出：基督教对册子形式的偏好，可能直接促进了册子本的兴起。此即所谓册子本起源的"大爆炸理论"。而晚近的纸草学权威巴格诺尔则质疑此说，认为教外文献也多采用册子形式，册子本的兴起只是"罗马化"的结果（参高峰枫《从卷子本到册子本》，载 [英] 罗伯茨、斯基特《册子本起源考》，高峰枫译，北京大学出版社

2015年版）。但考虑到后来佛教对印刷术、基督教对活字印刷的率先利用，我姑且山外看山地大胆臆测，基督教促成册子本起源的旧说，仍有成立的可能。因为宗教是以大众为宣导对象的，总要追求传播效果的最大化，故较之高雅而小众的文人阶级，他们更乐于热情拥抱新的传播技术。关于此，美国汉学家卡特已有过明确的意见："印刷术过去的开拓新境界的每一步，都有宗教的扩张作为它的动机。从中国发明印刷术开始起，直至20世纪止，在印刷术进步的悠久历史中，无论何种语文或在任何国家，其最初的印刷，几乎无不和神圣经典或和世界三大宗教之一的神圣艺术有关。中国最早的印刷，即为佛经和佛教图像。日本的印刷术，经过六百年，达到完美的境地，在此期内除佛经外，从未有过刊印其他书籍的打算。现在所发现的中亚细亚直至为蒙古人征服止的大量印刷品，几乎完全是宗教方面的东西，包括佛经和佛像。埃及在整个十字军时期内，其所有的印刷品，多为古兰经中的圣诗和祈祷文。欧洲雕版印刷者刊印圣经图画和《贫民圣经》，而谷腾堡则直接刊印《圣经》。到19世纪，教士们把非洲和海洋诸岛居民的语文，写成文字和印刷体，几乎全是为了刊印《圣经》之故。就在中国，活字印刷的方法几乎已经完全遗忘，也是通过教士们才把它重新传入这个发明活字印刷术的本土。"（《中国印刷术的发明和它的西传》第四章，吴泽炎译，商务印书馆1957年版）

胡适1948年以前的藏书，大体存于北京大学图书馆，已整理为《胡适藏书目录》四大册（北京大学图书馆、台湾"中央

194

研究院"近代史研究所胡适纪念馆编纂，广西师范大学出版社2013 年版）。可惜此书无分类目录，不克详细统计，照我检读的印象，确包括不少有关《圣经》的文献，但堪称珍稀的早期《圣经》译本似近于无。那么，胡适这批《圣经》版本的下落，恐怕仍有待于追寻。

制造司马光

　　辛德勇先生近出的《制造汉武帝：由汉武帝晚年政治形象的塑造看〈资治通鉴〉的历史构建》（生活·读书·新知三联书店 2015 年版），来自原题《汉武帝晚年政治取向与司马光的重构》的长篇论文，至于其主旨，由前后两个题目已略可窥见。只是我检读之下，并不觉得司马光"制造"了汉武学的政治形象，倒觉得是辛先生"制造"了司马光的学术形象。

　　辛著篇幅无多，但颇起学界注目，亦不乏争议。针对原论文所见的种种疏失，李浩先生有《"司马光重构汉武帝晚年政治取向"说献疑——与辛德勇先生商榷》一文（原载《中南大学学报》2015 年第 6 期），基于汉史基本文献已作了扎实的辩驳和澄清，在史料层面已相当充分，只是在逻辑层面似未达一间。他以为"《通鉴》有关汉武帝与戾太子之事的记载出自刘宋王俭的《汉武故事》，司马光采录该书刻意构建了符合其政治需要的武帝形象，完全不可信据"系辛氏立论的根本，仍嫌未中要害。

以下仅就其要点申论一二，以作补遗。

辛说的根本逻辑，其实相当简单：其出发点，是认为汉武帝的轮台诏只代表军事策略的局部调整，不代表政治路线的全盘改易；由此引出其结论，武帝的晚年政治形象——也即改变政治路线之举——只是出于司马光的虚构。但问题在于，辛对轮台诏的看法，还只是相当孤立、生硬的一家之言，只是一个明显缺乏史料支撑的假设，在第一章里，还只是用了"与其说……倒更像是……"这样的揣测语气；但到了第四章，他却将自己对轮台诏的假设当作了无需证明的前提，改用"不难看出……显而易见……"这样的确定语气，进而径指司马光臆造了汉武帝晚年改变路线的史实。也就是说，辛对司马光史学的严重指控，仅基于一个假设之上推衍出的另一个假设，而且，这两个假设都缺乏真正的文献证据支持。

说到这，辛先生的支持者或许会跳起来：辛著第二章"《通鉴》有关汉武帝与戾太子之间治国路线分歧的记载出自《汉武故事》"、第三章"《汉武故事》所记史事初不足以凭信"，那不是文献证据吗？对此，我是这么看的：

司马光确实参考、利用了《汉武故事》，但绝非无所节制；比勘辛著第二章提供的两造文本，司马光直接袭用之处，也只"上嫌其材能少，不类己"一句而已。同时，就《汉武故事》的文本来看，并未特别突出武帝、太子二者的政见歧异，何以见得《资治通鉴》就是根据《汉武故事》而建立起"汉武帝与戾太子之间治国路线分歧"的描述呢？此其一。

更重要的是，武帝与太子的路线冲突是一个问题，但武帝晚年改变政策又是另一个问题了；就算证明了司马光据伪史虚构出前者，也绝不等于证明司马光同时虚构了后者啊。换句话说，对于辛的根本结论来说，司马光引证《汉武故事》的问题根本游离于外，无论此问题的论证成立与否，都只是一个不切题的论证，也即无效论证；辛著费了最多的功夫讨论《汉武故事》问题，并将这个论证（第二、第三章）置于其假设（第一章）与结论（第四章）之间，只是有意无意地造成一种已作出详实论证的假象而已。此其二。

辛先生一贯的撰述作风，是以"史料"见重，那么，我且从逻辑层面转到史料层面。

前面已说过，辛的立论，只是假设之假设，而更致命的是，这前后两个假设之间，实际上是无法衔接的——即使将轮台诏不代表武帝全盘改变政治路线这一假设作为前提，也并不能得出司马光"制造汉武帝"的结论；因为，要证明司马光有意编造了武帝晚年政治形象，首先得证明，在司马光之前，从未有人"构建"过汉武帝晚年改变政治路线这一历史叙事。易言之，这实际上可归结为一个"言有易，说无难"的史料学问题。关于此问题的"说无"方面，辛根本未作任何论证，而"言有"的论证，却是我很容易作出的。

最早指汉武帝晚年在政策上改弦易辙者，本就近在眉睫，正是班固——作为轮台诏唯一权威的史料提供者！就辛著第一章所引的《汉书·西域传》，已可见这样的描述："上既悔远征伐""上乃下诏，深陈既往之悔""由是不复出军，而封丞相车千秋为富民侯，以明休息，思富养民也"——这还不算武帝改变其军事冒进策略的证据吗？"既往之悔"，是不可能仅指个别军事战略的。好吧，再看《食货志》："武帝末年，悔征伐之事，乃封丞相为富民侯。下诏曰：方今之务，在于力农。"再看《西域传》末尾的赞辞："至于用度不足，乃榷酒酤，笇盐铁，铸白金，造皮币，算至车船，租及六畜。民力屈，财用竭，因之以凶年，寇盗并起，道路不通……是以末年遂弃轮台之地，而下哀痛之诏，岂非仁圣之所悔哉！"这样还不够吗？李浩在商榷文章中已拈出这两条史证，并特别指出，"岂非仁圣之所悔哉"八字足破辛说，是很确切的。所谓"下哀痛之诏"，足证轮台诏是针对全盘性的政策而言的，"哀痛"云云，对象明明是天下生民，怎么可能只限于一二战役呢？

当然，在逻辑上，我们可以保留一点疑虑，东汉人的记录并不等于就是西汉时的历史真相，《汉书》并非真正的"原始史料"（此语见田余庆《论轮台诏》），已包含了"重构"成分，《汉书》的文本证据并不能绝对证明武帝晚年的政治转向。可是，别搞错了，这是《汉书》的问题，不是《通鉴》的问题；就算是"重构"，问题也在班固身上（就现有史料来说，当然也无法证实），不在司马光身上呀！就是说，即便辛先生关于轮台诏的看法尚有一点薄弱的理由，他也完全找错了鞭挞的对象，这一错，足足错了一千年！

还要特别指出，对于辛对轮台诏的异见，上述"下哀痛之诏，岂非仁圣之所悔哉"那段赞辞，无疑是最关键、最有力的反证。而这段话，就见于收录轮台诏的同一篇《西域传》里，就见于田余庆先生《论轮台诏》一文的开篇（田先揭此条，等于说明其立说的史源首在《汉书》，而非如辛所指的在《通鉴》），辛先生偏偏不见泰山，不加引录，这无法以疏忽来解释。我只能认为，他为了牵就其立论，有意回避了不利己见的关键文本，这在史料学立场是无法谅解的。

那么，对于班固所"构建"的武帝晚年形象，后世的读史者是否认可呢？我于此虽无积累，但也不难举证。

我凑巧看到张九龄《开元纪功德颂》的序里有一段："其负力者，乃堙山埋谷，尽境而筑长城；其黩武者，则挽粟飞刍，穷兵以耗中国。又失于下策，而悔在末年。彼王略之不恢，殆千余载矣！"这里说的，显然是秦皇、汉武；以汉武跟秦皇并举，跟司马贞斥武帝"俯观嬴政，几欲齐衡"（《史记索隐·述赞》，据田余庆《论轮台诏》）、朱熹责武帝"去秦始皇无几"（《朱子语类》卷一三五，据田余庆《论轮台诏》）是相呼应的。那么，所谓"悔在末年"，自然说的是武帝。要知道，这些话本非专门批判秦皇、汉武，只是在议论"制夷"问题时，信手举之为反例；则由此更可知，这并非张九龄个人的非常之见，而是可代表很多读书人的一般之见。

还有这样一例：据徐自明《宋宰辅编年录》载，宋哲宗欲对北方强敌实行强硬策略，苏辙上书表示反对，并以汉武帝比拟神宗，令哲宗勃然大怒；苏辙辩解说武帝是明主，哲宗不买账:"辙谓汉武帝穷兵黩武,末年下哀痛之诏,此岂得为明主乎!"(据陈登原《国史旧闻》第一分册卷第拾参"汉武帝"条)另外,辛先生自己无意中也举了一例:孔武仲在其《论汉武帝》中总论武帝一生,唯有"末年愀然自悔,弃轮台之地,封丞相为富民侯"一事堪称"雄才大略"之所为(《临江玉峡孔公武仲文集》卷二,据《制造汉武帝》第118页)。孔武仲宋哲宗与司马光约略同时代,他们说的话,当然不能认为是受了《通鉴》的影响吧。

可见从东汉的班固,到唐朝的张九龄,再到北宋的孔武仲、宋哲宗,他们对汉武帝的认识是一贯的,无不认为其"末年"有痛心悔过之举。这样,问题就很清楚了,所谓武帝晚年下诏表示罪己、改变其对外扩张政策的看法,在汉宋间实属士人的常识,司马光不过是合理地承袭前人之见罢了,又谈何"重构",谈何"制造汉武帝"呢?而辛先生因此指摘司马光"为达到其政治目的而径随己意构建历史"、"率以己意取舍史料、""以主观理念肆意取舍史料",更是可谓厚诬古人了。

辛口头上以史料派自居,但他刻意贬低司马光及其《通鉴》的史料及史学价值,甚至将之拉低到欧阳修、王安石的层次(第四章),很显然地流露出一种史料学家所不应有的翻案心理,远远超出了他自称的"做了一个简单得不能再简单了的史料比勘"(语见其《为什么要写〈制造汉武帝〉》)的范畴。是的,"良史莫如两司马",若能将中国史学史上两大偶像之一推下神坛,是何等惊人的学术创获啊。司马光于史,当然未尝不夹杂

"私货"——正如任何史家都难以做到绝对不夹杂"私货"——但我们可以相信，他的"私货"是较少的，尤其相对于其时代，他处理史料之严谨，是古今公认的。无论如何，至少在汉武帝晚年政治形象这个问题上，司马光恰恰并未夹带"私货"，而是贩卖了"旧货"。在指斥司马光时，辛更借朱熹的话以证司马光的主观，却不提很重要的一点：朱熹作为"哲学家"，其论史的主观实远甚于司马光，而且他出于正统论立场，对司马光的指摘还是带有门户之见的。如此片面地举证，就是"老老实实的史料比较考辨"（语见《为什么要写〈制造汉武帝〉》）吗？

观天下书殆遍，而又能强记不遗，非人所堪，故史料方面的疏漏，有时倒不必厚非；但证明假设的逻辑、运用史料的规则若有悖谬，则事关大体，是不可不深究的。

最后，附带谈一下田余庆先生的《论轮台诏》（收入《秦汉魏晋史探微》[重订本]，中华书局 2011 年版）。据江湖传言，辛先生初始的撰述动机，就是因田著而起，但辛对并世的田余庆实际上已相当客气，倒是将戾气释放到早已是异代不同时的司马光身上了。

田先生此文，我过去未曾细读，这次因"制造汉武帝"公案才认真读过。感觉分析细腻，确有史识，至少可作一家言，非辛著所能驳倒，其高明处，亦非辛著可及。田最突出的见解，并非对轮台诏作为政治转折标志的解释，而是对武帝与太子两条政治路线冲突的解释，即突出了二者的政见之异，并将"巫蛊之祸"归因于此。而这一点，我怀疑跟田先生所身历的政治经验和时代氛围有关。须知道，田先生治学的年代，也正是官方最强调"阶级斗争要年年讲，月月讲，日日讲"的年代，更何况他还曾被扯进"梁效"写作组呢？请注意，我不是说田先生意图藉汉武帝与戾太子之争，来具体影射现实的政治矛盾，我的意思是，在他们那一辈人，"路线斗争"情结是深入骨髓的，田在阐释武帝与太子关系时，若是自觉不自觉地融入了此类情结，那也顺理成章。而田的处理，并未因此而超越史料的分际，正体现了他作为史学家有分寸的地方。

对于司马光的《资治通鉴》，田先生以为有史识，有"历史的深度"，而辛先生则以为"随心所欲构建史事"。我当然要站到田先生一边了。

（原刊《东方早报·上海书评》2016 年 3 月 13 日）

补记一：

我在《制造司马光》一文转引《宋宰辅编年录》时，史事未谙，又未能细按，出现硬伤。苏辙是将宋神宗比作汉武帝，但反驳苏辙的是哲宗而非神宗。——此系辛德勇先生的粉丝"步军都虞候"在新浪微博指出，特此说明。不过，这一谬误并不影响我的论辩逻辑。

此外，我写《制造司马光》时为省枝蔓，没有多查检有关司马光的文献。过后检出手头有一本台湾史家李则芬著的《泛论司马光资治通鉴》（台湾商务印书馆1979年版），似为诸论者所未及，值得略为申说。

李则芬指《通鉴》是"一部十分主观的史书"，攻击之严厉，较辛先生殆有过之。更有意思的，是书中第八章对轮台诏的看法："历来非战论者，如司马光等，动辄说武帝晚年后悔征伐，以印证武帝连年用兵的非是。其实这也是曲解历史事实，以傅会其反战理论的。……这篇诏书说得明明白白，武帝所后悔的，只是征和三年，为情报及星卜所误而出师，以致李广利兵败降虏。细读诏书，那里有尽悔以前所有征伐的话？……试问，武帝即位之初，面临那么严重的情势，用兵有什么不对？而得到那么辉煌的功效，又有什么好后悔的？反战论者歪曲事实，信口雌黄，太可恶了！（按由于光武帝苟安姑息，东汉已有点反战风气。所以尽管班超投笔从戎，征服西域，他那位喜欢作赋的哥哥班固，却有些反战倾向。《前汉书》字里行间，不难体会。）"作者这番议论，跟辛先生颇不约而同，对辛说可算一种支持，为免"率以己意取舍史料"之嫌，特表而出之。

但要说明，这位李则芬出身行伍（民国时黄埔军校、陆军大学毕业，以将军退役），深受近世外患的刺激及民族意识的熏染，尚武主战的倾向强烈，故于历史上士大夫所谓"苟安姑息"的军政理念极为不满。他对司马光的指摘，也正出于此观念背景，绝非持平之见。司马光立足民生，以内政为先，对外主张守势，很可代表宋代士大夫阶级的一般态度，甚至也代表了历朝士大夫阶级的一般态度；在面对游牧族群的军事优势下，此实有其客观合理性，未可非也。

当我们批判前人"十分主观"的时候，往往自己首先不免"十分主观"；当我们批判前人"率以己意取舍史料"的时候，往往自己即在"率以己意取舍史料"。我们同样逃脱不了自身的主观，论史之难，其在此乎！

最后，对于"制造汉武帝"这一公案，简单总结一下我的意见：**作为汉代史问题**，轮台诏的性质为何，汉武帝晚年是否改易路线，不妨讨论——尽管现在可见的史证甚为迂曲，自不足以推倒旧说；而**作为史学史问题**，司马光是否"重构"了汉武帝，则不必再讨论了。被辛德勇先生引为同道的陈苏镇、杨勇二氏，所辨者其实仅限于汉代史问题，与史学史问题无涉。

（原刊《东方早报·上海书评》2016 年 4 月 10 日）

补记二：

对于汉代史领域，我并不特别熟悉，故于所谓"制造汉武帝"公案，我原先的重点，只放在司马光是否"重构"了汉武帝的问题，这有关人物的形象建构，属于史学史范畴。近时陆续检毕桓宽的《盐铁论》，想再讨论一下武帝晚年是否改变了政治路线的问题，这有关现实的政治观念与行为，就属于汉代史范畴了。

辛德勇、杨勇两先生都极力强调，由汉昭帝时盐铁会议（不如说是辩论会）的举行及其内容来看，武帝去世前后并不存在政策转向。辛先生更断言："在御史大夫桑弘羊和那些文学贤良的话语里，却一点儿也看不到汉武帝在晚年有过大幅度调整其政治取向使之转而'守文'的迹象。"但我读《盐铁论》的感觉却非如此。

盐铁会议以当政的"大夫"（桑弘羊）、"丞相史"为一方，以民间儒生"文学"、"贤良"为一方，双方所争的焦点，简单说，在于以盐铁专卖为中心的国家干预政策是否应当继续。其时汉武帝去世六年，积威尚在，可以想象，双方都得打着"先帝"的招牌表达政见；当权派固然以继承武帝遗业自居，反对派有霍光在背后撑腰，激烈地反对武帝的旧政策，但言辞之下，也不太敢于正面批评武帝。

在这个大背景之下，且看看反对派到底说过些什么。

《地广第十六》记录了"文学"的话："故群臣论或欲田轮台，明主不许，以为先救近，务及时本业也。故下诏曰：'当今之务，在于禁苛暴，止擅赋，力本农。'公卿宜承意，请减除不任，以佐百姓之急。"这当然是指汉武帝否决屯田轮台一事了。从上下文看，至少在这些儒家反对派眼中，武帝下轮台诏，就意味着转而采取宽松的社会经济政策，绝非仅限于军事领域的方略；所谓"公卿宜承意"，等于说"公卿未承意"，想来是暗斥桑弘羊等当政者不执行汉武帝的遗志吧。

再看《国疾第二十八》，这次是"贤良"的发言："其后邪臣各以伎艺，亏乱至治。外障山海，内兴诸利。杨可胜告缗，江充禁服，张大夫革令，杜周治狱，罚赎科适，微细并行，不可胜载。夏兰之属妄捕，王温舒之徒妄杀。残吏萌起，扰乱良民。当此之时，百姓不保其首领，豪富莫必其族姓。圣主觉焉，乃刑戮充等，诛灭残贼，以杀死罪之怨，塞天下之责。然居民肆然复安。然其祸累世不复，疮痍至今未息。故百官尚有残贼之政，而强宰尚有强夺之心。大臣擅权而断击，豪猾多党而侵陵。"这可算是对汉武帝去世前后政治经济状况一个相当明晰的概述了。其种种具体的制度和人事，我们不必细究，但要特别关注江充——他正是执行汉武帝"深酷用法"之策的急先锋。江充被处死在公元前 91 年，武帝下轮台诏在前 89 年，武帝去世在前 87 年，那么，此处所说的"圣主觉焉，乃刑戮充等……"不也是汉武帝晚年改弦易辙的一个明确记录吗？"圣主觉焉"的修辞，性质跟《汉书·西域传》"岂非仁圣之所悔哉"也是一样的，一谓"觉"，一谓"悔"，只是侧重点不同而已。而由"居民肆然复安"一句，又可见武帝调整政策，其效果并非无迹可寻；只是武帝未久即辞世，幼子继位，政局仓皇，因盐铁制度得志的官僚集团仍把持朝政，此即所谓"百官尚有残贼之政，而强宰尚有强夺之心"是也。在此波谲云诡之际，经济社会政策多因循未改，也就不难理解了。

还有《西域第四十六》，"文学"论及武帝对外征伐时说："当此之时，将卒方赤面而事四夷，师旅相望，郡国并发。黎人困苦，奸伪萌生，盗贼并起。守尉不能禁，城邑不能止。然后遣上大夫衣绣衣以兴击之。当此时，百姓元元莫必其命，故山东豪杰颇有异心。赖先帝圣灵斐然。其咎皆在于欲毕匈奴而远几也。"其中"赖先帝圣灵斐然"一句，言似未尽，戛然而止，显得相当突兀；或许也跟"圣主觉焉"意思差不多，是在暗示汉武帝自悔其横征暴敛，只是不愿挑明罢了。

辛先生"一点儿也看不到"的东西，其实是存在的。这再次证明了"说无难"。

作为盐铁会议的档案综录，《盐铁论》相当贴近汉武帝晚年之时，其可信度不言而喻；再联系西汉后期刘向《新序·善谋下》"孝武皇帝后悔之，御史大夫桑弘羊请佃轮台，诏却曰……遂不复言兵事，国家以宁，继嗣以定"（这是辛德勇先生提供的史料）那些话，我以为，可以肯定地说：汉武帝晚年改变政治路线之举，可算文献有徵，即便将文献年代限定在西汉，也仍有史料支持；班固在《汉书》里形容汉武帝"深陈既往之悔"云云，未必没有夸大，但其言由来有自，殊非"径随己意构建历史"者。

（原刊《东方早报·上海书评》2016 年 8 月 28 日）

补记：

隋末王通《中说》（《文中子》）卷四《周公篇》论汉武帝有

云:"《大风》安不忘危,其霸心之存乎?《秋风》乐极哀来,其悔志之萌乎?"又卷六《礼乐篇》云:"孝武其生知之乎?……斯有志于道,故能知悔而康帝业,可不谓有志之主乎?"北宋阮逸注曰:"晚年下诏,觉用兵之悔,封丞相田千秋为富民侯,是知悔而帝业康也。"王通不必说,阮逸为天圣五年(1027)进士,也稍早于司马光。这再次说明,认为汉武帝晚年悔过,原是汉宋间的历史共识。

《吴渔山集笺注》补订

明清之际的吴历（渔山），兼有明遗民、画家及天主教神父等多重身份，可谓中国文化史上的异人。而章文钦先生《吴渔山集笺注》一书（中华书局 2007 年版），汇辑吴历的诗文题跋及传记资料之大成，通释文本含义，追溯文献源流，并多据同时代人物的同题作品以作参证，用力甚勤，所获甚多，于明清文化史、中外交通史及天主教入华史皆深具价值，宜可入著述之林。

唯此题目牵涉广而难度大，一人的精力难以滴水不漏，故全书亦间有疏失之处。今试为补正若干，亦添砖加瓦之意耳。

一、校勘未密

第 159 页《澳中杂咏》之一："关头阅尽下平沙。""阅尽"

一作"粤尽"，著者以"粤尽"为当，解为岭海穷处。但"粤尽"似不成辞，宜作"阅尽"为是。

第 277 页《次韵杂诗七首》之七："名托山当掩，开藏雾未清。"此诗其他各句"摇"、"漂"、"谣"皆押萧韵，此处"清"应为"消"之误。

二、应注未注

第 152 页《题画诗》之二十七："欲催泼墨米图成。"此句无注。按：北宋米芾、米友仁父子擅水墨山水，世称米家山，故后世多以米氏或米家代指泼墨山水。此处"米图"云云亦其例。另，卷五《墨井画跋》之二十八有"泼墨法米"一句，即谓泼墨宜以米氏父子为法，正可作旁证。

第 301 页《六十吟》："我初童年争辨日。"用《列子·汤问》两小儿辨日典。

第 366 页《题赠湘碧山水》："山童解得藏名姓，不敢披裘钓碧流。""披裘"为喻指归隐的常用典，此处用意更进一层，指不愿故作姿态以"披裘"的形象现身，以免引人注目，意谓真正彻底的归隐。

三、释典未确

第 237 页《诵圣会源流》之三："一丸土块走仪羲。"著者谓"仪羲"之"仪"指仪狄，误。"仪"当指常仪，亦作常羲，《山海经·大荒西经》："帝俊妻常羲，生月十有二。"而"羲"指羲和，《山海经·大荒南经》："羲和者，帝俊之妻，生十日。"此处"仪羲"不过借指日月而已。

第 276 页《次韵杂诗七首》之六："岂知沈子瘦，空念范生寒。"著者谓此借"（贾）岛瘦（孟）郊寒"比拟沈、范两位友人的诗作，亦误。按："沈子瘦"典出沈约《与徐勉书》，后世多称"沈郎腰瘦"或"沈腰"，李煜词"沈郎多病不胜衣"、苏轼诗"沈郎清瘦不胜衣"皆用其典；"范生寒"用战国时范雎事，见《史记·范雎列传》，高适诗"尚有绨袍赠，应怜范叔寒"即用其典。吴诗此处借沈约、范雎事指沈、范二友，极为贴切工整。

四、释典未尽

第 129 页《葡萄西酒》："料得此非仪狄造，不妨飞骑进君王。"著者引《战国策·魏策》："昔者帝女命仪狄作酒而美，进之禹。"按：《战国策》下文尚有云："……禹饮而甘之，遂疏仪狄，绝旨酒。曰：后世必有以酒亡其国者。"吴诗此处实反用此典，谓此酒出于西洋，非仪狄所造，自无亡国之虞，故不妨贡献于君王也。

第180页《澳中杂诗》之二十七："百千灯耀小林崖，锦作云峦蜡作花。妆点冬山齐庆赏，黑人舞足应琵琶（冬山以木为石骨，以锦为山峦，染蜡红蓝为花树，状似鳌山。黑人歌唱舞足，与琵琶声相应，在耶稣圣诞前后）。"作者引方豪之说，谓此诗"咏圣诞节教堂所布置之山洞"，似嫌辞赘，此当即今之圣诞树耳。

五、解释未当

第164页《澳中杂诗》之六："偶逢乡旧说西矿，近觉黄金不易生。"著者谓上句"西矿"指西洋人（在中国）开矿寻找金银；下句谓当时中国人疑传教士能烧炼金银，故虽不事生产而财富充足，吴氏到澳门后，乃知炼石成金之说为子虚，故作"黄金不易生"之语。但此解实迂曲难通。西洋人在中国开矿，岂得谓之"西矿"？而且上句若指开矿，下句却指炼金术，亦不能连贯。按：疑此处当指美洲开发金银事。16世纪以后，西班牙在美洲开采出巨量白银，白银一部分涌入欧洲，一部分运到菲律宾，皆通过葡萄牙人大量交易到中国，而葡萄牙人占据的澳门即白银输入中国的枢纽（参全汉昇《再论明清间美洲白银的输入中国》，《中国近代经济史论丛》，台北稻乡出版社

1996年版）。吴氏当时身在澳门，对白银的大量输入、对美洲白银的开采宜多有耳闻，则他跟乡人相与"说西矿"，自属顺理成章；而欧洲人当时开发新航路，目的原在于寻找黄金，早期在南美印加帝国曾劫获甚多，但此后发现的贵金属以白银占绝对多数，黄金数量相对甚微，可能吴氏因此有"黄金不易生"之语。但似还有一种可能：明代后期海外贸易兴盛，国内金贱银贵，中国商人多输出黄金、输入白银（参全汉昇《明中叶后中国黄金的输出贸易》，《中国近代经济史论丛》）；吴诗若系针对此种情形，则是担忧黄金流出过多，无以为继。

第200页《赞圣若瑟》之一："潜向慈亲问圣躬。"著者谓"慈亲"指母亲，"圣躬"指天主。之二："净配瞻依慰自倍，慈君呵护宠难言。"著者谓"净配"原指圣若瑟（约瑟），此处可指妻子；"慈君"原指天主，此处可指母亲。并称两诗以赞颂圣若瑟为题，而实为表达对亡母及亡妻的思念。按：以圣若瑟为名义吟咏母亲、妻子，极为不伦。此处"慈亲"、"慈君"皆应指圣母玛利亚，以下《赞宗徒圣西满》诗以"母皇亲"指玛利亚，正与此处"慈君"用语略近；至于"圣躬"当指耶稣，"净配"即指若瑟，亦不必另作异解。

第283页《西灯》："灯自远方异，火从寒食分。试观罗玛景（教宗所居地名），横读辣丁文（西古文）。蛾绕光难近，鼠窥影不群。擎看西札到，事事闻未闻。"著者引方豪旧说，疑指旧式幻灯，其说虽可喜，实缺乏根据。盖"火从寒食分"系用寒食节点火的旧典，若指幻灯，则此典无法落实；而由"擎看"

一语亦可知，此灯必非录播映像的幻灯，而当是可以擎举、用于照明的台灯。由"蛾绕光难近"一句，并考虑到当时的技术水平，此灯似应是带有灯罩的油灯或羊角灯（明角灯）。近人瞿兑之《杶庐所闻录》"道光时洋灯"条引阮元《大西洋铜灯》诗注："余于道光初在广州，以银一斤买得大西洋铜灯用之。蓄油于上瓶，而下注于横管，横管之末安为灯炷，螺旋之，其光可大可小。洋舶颇售此灯，惜知而买用者少。"则吴诗之"西灯"，或即阮元所用铜灯之类。至于三四句所谓"试观罗玛（马）景，横读辣（拉）丁文"，则不应理解为从幻灯中所见的影像，而不过指借助灯光所见的影像。

（原刊《暨南史学》第六辑，暨南大学出版社 2009 年版）

檀香·刑

这是两个小问题的探讨，皆有关于莫言的《檀香刑》。

我极少看当代中国小说，所以会看《檀香刑》，在我是比较意外的事；而且，我读《檀香刑》，并非从"文学"角度，而是从"历史"角度，只是将之作为"文献"来使用。这是要预先声明的。

《檀香刑》之檀香

我原来在《南方都市报》写"电影考古记"专栏，有过一篇关于麻风病文化史的文章。在 19 世纪的夏威夷，麻风病曾极流行，当地人归恶于中国人（绝大多数是广东人）的传染，称之为"中国病"；由此，我才留意到粤人与夏威夷的密切关系，而这一点，又是与早期中美贸易密切相关的。

自 1784 年"中国皇后"号首航，美国与广州——当时中国唯一对外开放的港口城市——之间，就保持着贸易往来，最受中国人欢迎的舶来品是两类：皮货（海豹皮、海獭皮）和檀香木（参［美］多林《美匡和中国最初的相遇：航海时代奇异的中美关系史》，朱颖译，社会科学文献出版社 2014 年版，第100 页）。檀香木适宜做家具、工艺品（包括书画卷幅、折扇、佛像），也适宜做熏香、药材，中国市场需求巨大；故夏威夷对广州的檀香贸易盛极一时，土著王朝因此成了暴发户，以至于仅半个世纪，当地的檀香木资源即已消耗殆尽。据研究，在檀香贸易的鼎盛期，输入中国的檀香心材每年多达一百万到二百万公斤（参［美］麦克尼尔《人鼠之间：太平洋群岛的简要环境史》，《全球史读本》，北京大学出版社 2010 年版，第 224 页；刘华杰《洛克与夏威夷檀香属植物的分类学史》，《博物学文化与编史》，上海交通大学出版社 2014 年版，第 151—153 页）。中国也从印度、南洋各地输入檀香，但最密集的输入，显然要数夏威夷了。

在查找有关檀香木、檀香山（粤人对夏威夷的称呼）的资料时，我想起了《檀香刑》——就是为了"檀香"两字，才找来小说略略翻检了一过。莫言笔下的这个故事，显然积淀了地方的民间记忆，在相当程度上可视为"集体创作"，颇有社会文化史的价值。

据莫言描述，"檀香刑"的"原理"大抵是不仅让受刑者遭受剧痛，还要尽可能延长受刑者遭受剧痛的时间，其具体方法，

217

"是用一根檀香木橛子，从那人的谷道钉进去，从脖子后边钻出来，然后把那人绑在树上。……那檀木橛子削好后，要放在香油里煮起码一天一夜，这样才能保证钉时滑畅，钉进去不吸血"（作家出版社 2012 年版，第四章，第 93—94 页）。要做到不吸血，减少对内脏的直接损害，才可能尽量让受刑者死得慢些，再慢些。

关于"檀香刑"所用的木材，书中既说是檀香木，又说是紫檀木，我怀疑莫言将二者搞混了。檀香、紫檀并非一物，紫檀异常名贵，不太可能让犯人"享用"；檀香则较为常见，而且油性重，正适宜达到"不吸血"的效果。故"檀香刑"者，当顾名思义，用的是檀香木。小说里引用了不少猫腔《檀香刑》的戏文，是"文革"后期莫言主创，并由高密县不少编剧加工过的，其中有这样几句："都说是檀香缭绕操琴曲，武侯巧计保空城。……谁见过檀木橛子把人钉，王朝末日缺德刑。"（第十八章，第 384 页）由此看来，也应是檀香木才对。

是檀香又怎么样呢？

我是这么想的：就情理来说，若非檀香木在市面上常见，为等闲可致之物，是不可能将它运用到那种骇人的刑罚中去的；由此角度观察，从"檀香山"到"檀香刑"，恐怕是有一点历史联系的吧！这样的话，在"檀香刑"这种登峰造极的"死刑艺术"中，就有可能隐藏着一段盛极而衰的檀香贸易史，一段以广州为枢纽的太平洋贸易史，用时髦的话说，也是一段被我们遗忘了的全球史。

《檀香刑》之刑

《檀香刑》的主题，终归是"刑"。

在西方人眼中，酷刑几乎是旧中国的标签。大凡讲到西方人的中国印象，尤其讲到西方人眼中的中国法律，总绕不过酷刑问题。这一点，我们不必细举那些正式的学术论述（比如近年刊行的有田涛、李祝环《接触与碰撞：16 世纪以来西方人眼中的中国法律》，北京大学出版社 2007 年版；[加] 卜正民、[法] 巩涛、[加] 格力高利·布鲁《杀千刀：中西视野下的凌迟处死》，张光润等译，商务印书馆 2013 年版），只需举出两种受众广泛的"经典"文本为例：

一是法国米尔博的小说《秘密花园》。故事假托了一座位于广州的美丽花园，而花园里却是世界上最残忍的刑场，一个极尽想象的"酷刑乌托邦"。小说里的女主角克莱拉以赞美的口吻说："中国人是多么出色的艺术家，他们又是如此聪慧地将自然与他们精致的残酷相统一！"（竹苏敏译，重庆出版社 2005 年版，第 132 页）——与此呼应，《檀香刑》里的洋大人克罗德也表示："中国什么都落后，但是刑罚是最先进的，中国人在这方面有特别的天才。让人忍受了最大的痛苦才死去，这是中国的艺术，是中国政治的精髓……"（第四章，第 92 页）

一是埃尔热的漫画《丁丁历险记·蓝莲花》。一个以日本人阴谋侵略中国为背景的故事，但画中的中国人却穿着清朝的长袍马褂；而用丁丁的话说，当时很多欧洲人对中国人的印象是：

219

"拖着长辫子，把时间都放在发明各种酷刑、吃臭蛋（按：指皮蛋）和燕窝上面……"（王炳东译，中国少年儿童新闻出版总社2009年版，第43页）

以现在的认知，我们不难了解，西方此类关于中国酷刑的言说，既事出有因，又夸大其词，既有纪实成分，又有想象成分，既有文明对野蛮的批判，也有"东方主义"式的偏见。当代中西学人多已认识到，西方人对中国酷刑的批判性话语，正与西方自身趋向文明、趋向理性的过程相一致，在西方人来说，这也是一种自我批判的投影。事实上，针对中国酷刑现象，19世纪欧洲就有论者指其跟"三百年前的（欧洲）相同"，或谓其令人"回想起欧洲历史中最黑暗的一页"（据陈其松《图像文本中的"野蛮中国"——论西洋图像报纸对中国刑罚之报导与倾向》转引，松浦章编著《近代东亚海域文化交流史》，台北博扬文化事业有限公司2012年版）；这就意味着，残忍在人类是普遍性的，并非中国人在本性上更为凶残，欧洲人也曾如是。这样的批判态度自是可取的。

具体到"檀香刑"这个特例，表面上看，似乎确可代表中国刑罚"精致的残酷"；可是，我又发现，这样"精致的残酷"，其实并非中国人的专利。

在明朝人的记录中，满剌加（在今马来半岛南部）的法律是这样的："罪至死者，断木为高椿而锐其末，入土二尺许，以囚大孔贯锐端，辗转哀嗷中，顷之洞腹而死。"（黄衷《海语》卷上，据《丛书集成初编》排印本）所谓"以囚大孔贯锐端"，正相当于"用一根檀香木橛子，从那人的谷道钉进去"。

在一本毫不搭界的书里，我还偶尔看到一则关于 15 世纪罗马尼亚德库拉伯爵的译注："据说他性格异常残暴，每每抓获俘虏都要施以刺刑，因此得到了穿刺王伏勒德（Vlad the Impaler）的恶名。此极刑就是用一根削尖的木桩立于土中，将受害者坐在尖端上面，让这根长棒从受刑者的肛门插入，再从他的嘴里穿出。"（[美]加列特·基泽尔《噪音书》，赵卓译，重庆大学出版社 2014 年版，第 230 页）

很显然，满剌加和罗马尼亚伯爵处决犯人的方式虽不如"檀香刑"那么周到入微，能使受刑者遭受漫长的剧痛，但其基本"方法"却是不约而同的。

说到底，在邪恶面前，人与人是平等的，国族与国族是平等的。中国人的天赋和想象力无疑很高，但还没有高到独一无二的地步——无论是在最好的事物上，还是在最坏的事物上。

（原刊《腾讯·大家》2015 年 9 月 20 日）

补记：

据刘铭恕《〈苏莱曼东游记〉证闻》（《刘铭恕考古文集》下卷，河南人民出版社 2013 年版），9 世纪阿拉伯的《苏莱曼东游记》有云："在印度，如有偷窃一个铜币以上的东西的，人家就要取一根长棒，把一端削尖了，叫他坐在尖头上，使那棒从肛门里进去，从咽喉间穿出来。"又 16 世纪的《西洋朝贡典录》卷一占城国条云："其制刑五……三曰贯削木，以尖木削锐，树之舟，以贯罪人之后，末出于口，泛水以为警。"

所多玛的现实与孟子的理想
——关于"无差别杀戮"问题

可能是厦门 BRT 公交爆炸案之后，我开始留意到"无差别杀戮"这个词。

当时，在新浪微博上，看到有一二空头理论家发出谵言，为制造爆炸案的陈水总作抽象而明确的辩护。一位说："在痛苦和困惑中，以无差别杀戮（此种无差别也是针对自己的，同时自杀）连意义也放弃与超脱，抵达价值零度，它才是真正的亵渎和羞辱，把一口痰吐在自居于人类的人脸上。"另一位说："人民的权力，今天我想应该这样来理解了：就是每一个人都有可能抱着汽油与无论是谁同归于尽的'能力'。"这几乎是为"无差别杀戮"声辩了。

由此，我体会到：毫无法辩护的东西，也有人要为它作辩护，再明白的问题，也有人能将它解释得不明白。因此，"无差别杀戮"作为学术话题呈然近于浅显，却仍需要我们认真对待。

据百度，"无差别杀戮"这一说法，似乎来自日本，特指随机选择目标的杀人。以此指称陈水总式的事件，是恰当的。不过，我们平日最熟悉的"无差别杀戮"，是出于特定政治或宗教诉求的"无差别杀戮"；其中最极端者，当然是"肉弹"，即所谓"自杀式恐怖主义"（suicide terrorism）。在我看来，"肉弹"的根本性质，不在于其所采取的自杀方式，而在于其所施行的"无差别杀戮"方式。

按史学家托尼·朱特的说法，"将恐怖主义局限于那些为追求政治目标而屠杀手无寸铁的平民，我们也可以说，恐怖主义者一百多年来一直在我们身边。有俄国恐怖主义者，印度恐怖主义者，阿拉伯恐怖主义者，巴斯克恐怖主义者，马来恐怖主义者，等等好几十种。"（《重估价值——反思被遗忘的 20 世纪》，林骧华译，商务印书馆 2013 年版，第 18 页）而据政治学界的观察，大约自 20 世纪 80 年代以来，自杀式恐怖主义大体都在"稳定增加"（[美] 罗伯特·J. 阿特、罗伯特·杰维斯《政治的细节》，陈积敏等译，世界图书出版公司 2014 年版，第 170 页）显然，当今之世，以"肉弹"为代表的恐怖主义是最常见的一种"无差别杀戮"了。

我们不难观察到，这种"无差别杀戮"越来越频繁地针对西方世界而发。不必说，"9·11"事件是"肉弹"的登峰造极，是史上最壮观的自杀式恐怖主义；但公平地说，"无差别杀戮"并非恐怖主义的专利。只需回溯到 20 世纪，我们很容易就能反应过来：在现代史上，甚至人类有史以来，制造了最大规模的

"无差别杀戮"者，恰恰是西方世界，恰恰是如今最畏惧"无差别杀戮"的西方世界！

关于这一点，我们可以先看看美国人的见地。迈克尔·沃尔泽在讨论战争中的正义问题时早已指出，二战时英国首先实行的轰炸德国城市的策略，"是用燃烧弹轰炸东京和其他日本城市，以及之后哈里·杜鲁门决定向广岛和长崎投掷原子弹的重要先例。第二次世界大战中同盟国的恐怖轰炸造成了超过 50 万的男人、女人和儿童死亡。当时怎么还能为开始使用这种极端手段辩护呢？"（《正义与非正义战争：通过历史实例的道德论证》，任辉献译，江苏人民出版社 2008 年版，第 282 页）另一位作者道格拉斯·拉基也得出结论："从丘吉尔决定发动区域轰炸开始，到轰炸德累斯顿、东京、广岛和长崎……它们之间存在着一条联系不断的线路。所有这些轰炸和轰炸计划表明：在某种环境中，把毁灭雨点般洒向城市是可以接受的。"特别重要的，是他还得出一个题外之义："美国人正确地把这些'9·11'中驾着飞机的恐怖主义者认定为罪恶的化身。可是他们还没意识到的是：他们自己自 1945 年 1 月以来的政策与这些恐怖行动是处在同一等级上的。"（《现代国家恐怖主义的演进：区域轰炸与核威慑》，《恐怖主义研究——哲学上的争议》，周展等译，浙江大学出版社 2010 年版）也就是说，他将同盟国对轴心国的轰炸跟"基地"对美国的袭击相提并论了。

作为同一主题的研究者，日本的前田哲男更为用力，也更为深入。他将同盟国对德、日城市的轰炸称为"战略轰炸"，同时又定义为"无差别轰炸"。不用说,广岛和长崎的原爆是"无差别轰炸"的顶点。但作为日本人,尤其作为幸运地躲过了原子弹的北九州市人(美军将该市列入了第二次原子弹轰炸的目标,只因当天云层浓厚,才改飞长崎投弹),前田并没有将研究重点放在广岛和长崎,放在日本人自身的受难,而是放在重庆,放在日本人对中国人的施暴。这在日本语境中是难能可贵的,既有良知的反省,也有道德的担当。前田指出:"日军对重庆的轰炸正式命名为'战(略)政略轰炸',这是第一次有意图、有组织、连续的空袭作战,比德意志空军轰炸格尔尼卡晚了约一年,但是,对重庆的轰炸不是一天,而是连续三年共进行了218次。……在历史上,重庆作为战略轰炸的目标比任何国家的首都都早,都长,而且次数最多。从这个意义来说,重庆轰炸是早于东京轰炸的无差别轰炸的首例,只是没有使用核弹头,但毋庸置疑,它在战略思想上产生了'领先广岛'的攻击意图。……从格尔尼卡到重庆再到广岛的道路,是灭绝人类的战争,即灭绝人类的思想原型盖源于此。"(《从重庆通往伦敦、东京、广岛的道路·序》,王希亮译,中华书局 2007 年版;近似的论述可参〔日〕鸟海靖编《近代日本的机运》"东京大空袭"条目,欧文东、李群译,社会科学文献出版社 2014 年版)

　　顺带说一下,前田还指出了极有意味的一点:"在审判日本战争罪行的东京国际军事法庭上,日军在南京、广东、汉口、长沙、柳州、桂林等地屠杀和平居民的暴行被起诉,然而重庆轰炸却被明显地排除在审判之外,这是为了掩盖美国对日本城市的轰炸，并使其正当化，因此，重庆轰炸未被指控为日本的战争犯罪。同样，在纽伦堡国际军事法庭审判中，也没有追究纳粹空军对英国伦敦的空袭，因为法庭方面担心有人会提出对柏林、德累斯顿的非人道轰炸的反驳。"（《从重庆通往伦敦、东京、广岛的道路·致中国读者》）。按：日本田中利幸也指出："战争时期美国政府一再谴责日本空袭中国平民，但是东京法庭却从来没有提出亚太战争中，日军无差别轰炸许多中国城市的问题。显然，不把这件事提交法庭的原因就在于美国自己对待日本平民的行为，它采取了最广泛地大规模空袭平民的方式，用燃烧弹摧毁了 64 个日本城市，用原子弹摧毁了两个。纽伦堡法庭也没有对纳粹无差别轰炸欧洲大陆和英国各城市的事实进行刑事调查，大概也是为了同样的原因。"[《原子弹轰炸、东京法庭和下田案：反核法律运动的教训》，《超载胜者之正义：东京战罪审判再检讨》，梅小侃译，上海交通大学出版社 2014 年版]这与前田哲男的观察完全一致。）从同盟国方面这种有意识的隐匿，更容易得出这样的认识：不论行为的主体为何，不论行为的动机为何，只要是"无差别轰炸"，终是一种罪恶。如果德国轰炸伦敦是罪行，英、美轰炸德累斯顿也是罪行；如果日本轰炸重庆是罪行，美国轰炸东京也是罪行，更不必说广岛和长崎了。——按罗尔斯的说法，美军对东京、广岛的轰炸，其情形都不能纳入"极端危机下的豁免"（extreme crisis exemption），因此是"巨大的错误"（《广岛核轰炸 50 周年反思》，《罗尔斯论文全集》下册，陈肖生等译，吉林出版集团有限责任公司 2013

年版；参罗尔斯《万民法》第三部第十四节，张晓辉等译，吉林人民出版社 2001 年版）。

至此，我以为可以这么总结：无论是陈水总式的行为，还是"肉弹"式的行为，还是"战略轰炸"式的行为，都可以归入"无差别杀戮"的范畴；这三类行为的主体各异，分别是个人、组织、国家（政府），但其作为恶却是一样的，都是滥杀无辜。由个人施行的"无差别杀戮"是无目的性的，仅系出于"同归于尽"（粤语所谓"揽住一齐死"）的心理，此不深论；而由组织、国家施行的"无差别杀戮"则是有目的性的，其政治影响异常巨大，更值得我们重视。

在"肉弹"与原子弹之间，即组织性恐怖主义与国家性恐怖主义之间，自杀式恐怖主义与战略式恐怖主义之间，我们几乎无从判断，哪一种罪更为严重，哪一种罪更容易被"理解"。论受难者的数量，自以后者为害最大，东京的燃烧弹、广岛和长崎的原子弹，其后果自然不是任何冲向人群的"肉弹"或汽车炸弹所能相比的，也不是撞向世贸中心的民航客机所能相比的；而论施行者的动机，则又以前者的性质更为恶劣，因为前者更主观更积极地施行"无差别杀戮"，更希望通过杀戮行为获得传播效应和威慑效应，并且是在日常的社会秩序下造成一种超现实的恐怖场景。前者容易被"理解"之处，是其施行者往往是政治领域的弱势者，是被压迫者、被征服者、被殖民者；而后者容易被"理解"之处，是其施行于战时，在一定程度上可以归入战争行为——在"总体战"的情境里，在互为敌对的

"命运共同体"之间，无论在行为上还是在心理上，平民多少都为战争所裹挟；因而对于战争之恶，无论是施行者一方，甚至是受难者一方，其舆论和人民都更容易"接受"（关于战时"共同体心理"对轰炸"扩大化"战略的影响，可参雷蒙·阿隆的《和平与战争：国际关系理论》，朱孔彦译，中央编译出版社2013年版，第586页）。

"无差别杀戮"绝不是一项现代人的发明。

事实上，古人不及今人的，是施行"无差别杀戮"的技术，而论"无差别杀戮"的意识，古人较之今人有过之而无不及。在近代以前，最近于现代式"无差别杀戮"——尤其是"无差别轰炸"——的行为，当数"屠城"。"屠城"，即攻破敌方城池后所施行的屠杀，兼有报复性和示威性，屠杀对象包括城市所有人群，不分军民，也不分男女老幼；因之，"屠城"完全可以归入"无差别杀戮"范畴，而且是更为主动的"无差别杀戮"。

在中国史上，尤其是北方游牧国家作为"征服王朝"南下中原的时代，汉人多受"屠城"之惨，如蒙古人的"以杀为嬉"就深有恶名，明清之际的"扬州十日"、"嘉定三屠"更是历史教科书总要特别强调的。可是，汉人于异民族，甚至于汉人自身，也未尝没有"屠城"行为。

对此，我未曾专门探讨，只随手记录下几个例子：南朝时，因宋孝武帝刘骏猜忌逼迫，竟陵王刘诞据广陵反叛，被官军平定后，"广陵城中士民，无大小悉命杀之。沈庆之请自五尺以下全之，其余男子皆死，女子以为军赏，犹杀三千余口。"（《资治通览》卷第一百二十九）唐朝军队攻破吐蕃所占的播仙城，岑参有诗咏之，其中有这样一首："蕃军遥见汉家营，满谷连山遍哭声。万箭千刀一夜杀，平明流血凌空城。"（《献封大夫破播仙凯歌六章》之五）宋是中国史上最文明的朝代，但其开国之际，大将曹翰领军兼并文弱的南唐，对于抵抗到底的江州（九江）也"屠城无噍类"——因此曹翰才死，时任地方官吏的王禹偁就作诗揭其污点："皇家平金陵，九江聚遗孽。弥年城乃陷，不使鸡犬活。老小数千人，一怒尽流血。"（《金吾》）

"反求诸己"是必需的，但暂且到此为止。

我更想指出的其实是：古往今来最"经典"的记录，应当是出于犹太人。

我说的，是《旧约》里的著名事件：因为所多玛和蛾摩拉两城"罪恶甚重"，耶和华不顾亚伯拉罕的质疑，"将硫磺与火，从天上耶和华那里，降与所多玛和蛾摩拉，把那些城和全平原，并城里所有的居民，连地上生长的，都毁灭了。……那地方烟气上腾，如同烧窑一般。"（《创世记》第十八、第十九章）结果，除了所多玛的义人罗德一家四口为天使接走，两座城市完全夷灭，无人生还。

所多玛、蛾摩拉城，在历史上可能真的存在过，但未必就是以色列人所毁灭（参［美］华尔顿、麦修斯、夏瓦拉斯著《旧约圣经背景注释》，李永明等译，中央编译出版社2013年版，第38页）；而毁灭所多玛、蛾摩拉的方式，已近于20世纪的燃烧弹甚至原子弹，当然更是神话。但我想，上帝消灭所多玛和蛾摩拉这一传说，却可能透露出某种史实；无论如何，毁灭所多玛和蛾摩拉作为文本的存在，至少也代表了古人对"屠城"行为的认同，他们的神尚且如此行事，何况凡人呢？而亚伯拉罕的道德质疑，则可视为一种反对"屠城"的意见，但只是"少数派报告"罢了。

事实上，据《旧约》的记录，"屠城"行为也屡见不鲜（此问题可参陈鼓应的文章，见《星座中的独裁者》，《耶稣新画像：圣经的批判》，生活·读书·新知三联书店 1987 年版），比如：对付米甸人，"他们就照耶和华所吩咐摩西的，与米甸人打仗，杀了所有的男丁。……以色列人掳了米甸人的妇女孩子，并将他们的牲畜、羊群，和所有的财物都夺了来，当作掳物。又用火焚烧他们所住的城邑，和所有营寨。"这还不算，当他们回来时，摩西就发怒说："你们要存留这一切妇女的活命么？……你们要把一切的男孩，和所有已嫁的女子，都杀了。但女孩子中，凡没有出嫁的，你们都可以存留他的活命。"（《民数记》第三十一章）对付希实本王西宏，"耶和华我们的神，将他交给我们，我们就把他和他的儿子 并他的众民都击杀了。我们夺了他的一切城邑，将有人烟的各城，连女人带孩子，尽都毁灭，没有留下一个。惟有牲畜，和所夺的各城，并其中的财物，都取为自己的掠物。"（《申命记》第二章）对付立拿城，"耶和华将立拿和立拿的王，也交在以色列人手里，约书亚攻打这城，用刀击杀了城中的一切人口，没有留下一个。"（《约书亚记》第十章）对付夏琐等城，"以色列人用刀击杀城中的人口，将他们尽行杀灭，凡有气息的没有留下一个。约书亚又用火焚烧夏琐。……那些城邑所有的财物和牲畜，以色列人都取为自己的掠物。惟有一切人口都用刀击杀，直到杀尽。凡有气息的没有留下一个。"（《约书亚记》第十一章）此外，耶和华吩咐以色列人如此对付亚玛力人："灭尽他们所有的，不可怜惜他们，将男女、孩童、吃奶的，并牛、羊、骆驼和驴尽行杀死。"（《撒母耳记上》第十五章）

当然，我们要考虑到，古代人对共同体的认同心理比现代人要强烈得多，也比现代人更容易承认"屠城"的"合理性"。比如印加帝国就有此例："一个反叛的城市或省要被夷为废墟，居民全部杀光。"（[美] 普雷斯科特《秘鲁征服史》，周叶谦等译，商务印书馆 2011 年版，第 58 页）只是，这也只能消极地证明古犹太人未必比其他国族更野蛮，仍不能积极地证明古犹太人比其他国族更文明。

将"无差别杀戮"追溯到《圣经》，并不是要将之归结于西方的传统。我相信，在犹太人以前，甚至自有人类以来，"屠城"式的杀戮早就存在了，只是未必留下文字记录，更未将记录留在神圣典籍之中而已。我的意思是："无差别杀戮"是任何时代、任何群体都可能作出的恶行，"无差别杀戮"并没有一种传统——恶，是很容易发生的，根本不需要传统。

有一部著名的禁片，《索多玛 120 天》，是意大利导演帕索里尼改编自萨德侯爵的性虐作品。片名的"索多玛"，也即"所多玛",取其淫乱之城的意思。但我想,为耶和华悍然扫荡的所多玛,何曾不是"屠城"的象征呢,何曾不是"无差别杀戮"的象征呢?至今为止,所多玛式的惨剧,也仍是人世间的现实。

屠杀之"无差别",是最极端的杀人逻辑,比残留着原始血缘主义的"株连"更无情也更无理,代表了对个体生命——尤其当这一个体属于异己共同体的时候——极端漠视的意识。幸好,绝非所有人都认同这种意识;在古人那里,还有着与"无差别杀戮"针锋相对的意识,对个体生命极端重视的意识。

当耶和华准备毁灭所多玛时,亚伯拉罕以假设方式对他提出质疑:"无论善恶,你都要剿灭么?假若那城里有五十个义人,你还剿灭那地方么?不为城里这五十个义人,饶恕其中的人么?将义人与恶人同杀,将义人与恶人一样看待,这断不是你所行的,审判全地的主,岂不行公义么?"耶和华只得回答:"我若在所多玛城里见有五十个义人,我就为他们的缘故,饶恕那地方的众人。"然后,亚伯拉罕继续盘问:"若这五十个义人短了五个","假若在那里见有四十个怎么样呢","假若在那里见有三十个怎么样呢","假若在那里见有二十个怎么样呢","假若在那里见有十个呢"(《创世记》第十八章)……当犹太人让他们的先祖如此笨拙地跟他们的上帝讨价还价时,我们的孟夫子已断然地提出了道德统治的标准:"行一不义,杀一不辜,而得天下,皆不为也。"(《孟子·公孙丑章句上》)孟子的话众所

233

周知，而稍后荀子论为君之道，也完全承受了孟子的意思："行一不义，杀一无罪，而得天下，不为也。"（《荀子·儒效》）

在耶和华"硫磺与火"的强力之下，死亡是不分善恶地降临于所有人的；而按孟子的逻辑，岂仅五十个"义人"，即使只有一个"义人"，即便这个人不是"义人"，只要罪不当死，所多玛也不应当玉石俱焚。这显然是针尖对麦芒的两种理念。

孟子的这一政治正义，在后世回响不绝。

西汉桓宽《盐铁论·忧边第十二》有言："故王者之于天下，犹一室之中也，有一人不得其所，则谓之不乐。"这应是套用了孟子的逻辑。

隋末王通《中说》（《文中子》）卷二《天地篇》也有这样的对话："李密问王霸之略，子（按：王通）曰："'不以天下易一民之命。'"这更是继承了孟子的意旨。

明代的吕坤说过："圣人不以天下易一人之命，后世乃以天下之命易一身之尊。悲夫！吾不知得天下将以何为也！"（《呻吟语》卷五《治道》）这当然是借孟子的名言而另作发挥。

清初的唐甄讨论更详，他认为："有帝王者出，岂不号为义兵哉！而不免于杀者五……五杀之恶，莫大于屠城。"针对"屠城"行为，他也跟亚伯拉罕一样，以假设方式表达了他的意见："请设言之：若屠一城而千百城皆下，释一城而千百城皆守；屠一城而千百城皆为我守，释一城而千百城皆为敌守。问：仁者为之乎？曰：不为也。虽有天下不愿也。"下文由张献忠的"屠城"，又生出议论："有天下者，屠一城，是即一城之献忠；杀一

234

无辜之人,是即一人之献忠。"(《潜书·仁师》)在另一处又表示:"杀一人而取其匹布斗粟,犹谓之贼;杀天下之人而尽有其布粟之富,而反不谓之贼乎!三代以后,有天下之善者莫如汉。然高帝屠城阳,屠颖阳,光武帝屠城三百。使我而事高帝,当其屠城阳之时,必痛哭而去之矣;使我而事光武帝,当其屠一城之始,必痛哭而去之矣。吾不忍为之臣也。"(《潜书·室语》)唐甄这些话,是对"屠城"的最直接的批判——也是对"无差别杀戮"最直接的批判。"杀一无辜之人,是即一人之献忠",意味着,冤杀一人,与冤杀千万人,其为恶也无异。按此逻辑,犹太人的神,以及任何造成"无差别杀戮"的组织或国家,岂惟不是"仁者",直是张献忠耳。

不仅如此,孟子式的逻辑,我们在陀思妥耶夫斯基那里也能看到。陀氏让"卡拉玛佐夫兄弟"中怀疑上帝存在的老二伊万,对虔诚的老三阿辽沙提出了假设的问题——在亚伯拉罕、唐甄之后,我们再次看到了关于杀人问题的设问:"你想象一下,你在建造一座人类命运的大厦,目的是最终让人们幸福,给他们和平与安宁,但为此目的必须而且不可避免地要摧残一个——总共只有一个——小小的生命体……你能不能设想,你为之造大厦的人们自己会同意接受建立在一个小孩遭虐待而白流的鲜血之上的幸福?即使接受了,他们能永远幸福吗?"而信仰上帝存在的阿辽沙,对此也作了否定的回答(《卡拉马佐夫兄弟》第五卷第四章,荣如德译,上海译文出版社 2011 年版,上册第 296 页)。他的意思是:即便只牺牲一个无辜的孩子,即便只有一个，就能赢得全人类的幸福，这个幸福仍是不义的、背德的。他显然拒绝这样的幸福。这个思路，跟"行一不义，杀一不辜，而得天下，皆不为也"是完全一致的。陀思妥耶夫斯基在此针对的，本不是"屠城"问题，不是"无差别杀戮"问题，但由他的这一思路，我可以决然地说，他必然是反对那个将所多玛烧成灰烬的上帝的！这样，作为孕育于东正教背景下的思想者，陀氏就完成了对《旧约》教义的反动。

当然，我们都会心存疑虑，要做到绝对没有一个无辜的受害者，可能吗？

唐甄也承认："定乱岂能不杀乎！古之王者，有不得已而杀者二：有罪，不得不杀；临战，不得不杀。有罪而杀，尧舜之所不能免也；临战而杀，汤武之所不能免也。"可是，"有罪"或"临战"这两点，是其思想的底线，他不能接受超过这一底线的杀戮："有天下者无故而杀人，虽百其身不足以抵其杀一人之罪。"（《潜书·室语》）也就是说，无故杀人，即使只是一人，也是绝对的恶，在道德上也是无法容忍的。他显然不愿放弃孟子的正义原则。

从孟子，到陀思妥耶夫斯基，都不能容忍存在一个无辜的受害者；他们自绝对的道德理念出发，将任何"这一个"的被枉杀，视为整体性的"义"或"幸福"的否证。也就是说，任何个别的恶，也是绝对的恶，只要有一桩，就足以毁掉"合法性"的多米诺骨牌。这是在形而上学意义上对个体的放大。这自然是一种高远的道德理想主义，是一种抽象的理念设计，我不认为可以落到实处；尽管如此，我又觉得，这种道德理想主义纵不能至，亦不可无，其意义不在于能付诸实践，成就人间天堂，而在于立下原则，以鞭挞残酷的现实。如果世界上只见所多玛的现实，而竟无任何孟子的理想，这成了怎样的世界呢？如果世界上竟无任何孟子的理想，是不是会有更多的所多玛的现实呢？

自古及今的人类历史，技术的进步是大极了，而道德的进步却是小极了——可是，我觉得还是有进步的。要求世上没有一个被错杀的无辜者，我不敢奢求，但对于避免不加区别、漫无目标的杀戮，我们或许还是寄予一些幻想吧。至少，孟子的正义，我们宜心向往之，而所多玛的悲剧，我们宜悬为禁戒。

（原刊《腾讯·大家》2015 年 5 月 15 日）

附记：

孟子、唐甄和陀思妥耶夫斯基，都不能忍受唯一的恶行，我以为，其表述隐藏着一种逻辑：个别的恶同于绝对的恶，个体的不幸同于全体的不幸。这可以说是一种"个别等于整体"的逻辑。我还留意到，有一类特殊的说辞，将这种逻辑运用得更为清晰和有力。

首先是圣徒保罗的名言："若一个肢体受苦，所有的肢体就一同受苦；若一个肢体得荣耀，所有的肢体就一同快乐。你们就是基督的身子，并且各自作肢体。"（《新约·哥林多前书》第十二章）与基督教的教诲相呼应的，有佛教更古老的言说，维摩诘对前来问疾的文殊师利说："从痴有爱，则我病生。以一切众生病，是故我病；若一切众生得不病者，则我病灭。……众生病则菩萨病，众生病愈，菩萨亦愈。"（《维摩诘所说经·文殊师利问疾品第五》）保罗是将个体视同整体，而维摩诘则是将整体视同个体。

还有刻在辛德勒戒指上的犹太格言："凡救一命，即救全世界。"则是将拯救个体视为拯救整体。

在讨论自由问题时，此类逻辑似更多见。加缪在回顾西班牙内战时，有这样的话："今天，当这块自由土地仍然受到专制蹂躏时，有谁能说他自己是自由的。这世界上只要有一个人带着枷锁，我们大家都在脚镣手铐之中。除非全人类获得自由，否则没有人是自由的。"（《〈自由西班牙〉序言》，收入倪慧如、邹宁远《当世界年轻的时候：参加西班牙内战的中国人（1936—1939)》，广西师范大学出版社 2013 年版）他又借其戏剧人物之口说过："大地上只要还有一个人受奴役，自由就是监狱。"（《正义者》第一幕，李玉民译，漓江出版社 1986 年版，第 166页）肯尼迪 1963 年访欧，在他轰动一时的演讲中说道："自由是不可分割的，只要一人被奴役，所有的人都不自由。"（《在柏林墙边的演说》，《美国读本：感动过一个国家的文字》下册，林本椿等译，生活·读书·新知三联书店 1995 年版）——需要说明，这篇演讲应出自肯尼迪的头号幕僚特德·索伦森之手（［美］小阿瑟·施莱辛格《一千天：约翰·菲·肯尼迪在白宫》，生活·读书·新知三联书店 1981 年版，第 625 页；［美］罗伯特·达莱克《肯尼迪传》，中信出版社 2005 年版，第 409—410 页）。还有曼德拉也说过："自由是看不见摸不着的，我的人民任何一个人身上戴着枷锁，就等于所有人身上都戴着枷锁，而我的人民身上都戴着枷锁，也就等于我的身上戴着枷锁。"政治家说的，跟加缪实在大同小异。

按：曾任美国国务卿的科德尔·赫尔又曾说："We cannot survive as a free people if the rest of the world is enslaved（如果世界上其他人还过着被奴役的生活，那么我们也不能作为自由人而活着）。"（据曹伯言整理《胡适日记全集》，安徽教育出版社 2001 年版，第八册第 141—142 页）用意与加缪、肯尼迪、曼德拉略同，只是没有运用"个别等于整体"的表述逻辑。

此外，吕坤还有谓："六合之内，有一事一物相凌夺假借，而不各居其正位，不成清世界；有匹夫匹妇冤抑愤懑，而不得其分愿，不成平世界。"（《呻吟语》卷五《治道》）也是不约而同的逻辑。

补记一：

西晋杜预（字元凯）事功、学问兼得，尤以《春秋经传集解》名闻后世；他在灭吴之役中为西路统帅，当攻克江陵后，也有下令屠城的嫌疑。据《晋书·杜预传》："吴人知预病瘿，惮其智计，以瓠系狗颈示之。每大树似瘿，辄斫使白，题曰'杜预颈'。及城平，尽捕杀之。"这里似乎是说，捕杀了那些参与嘲弄杜预者。但郦道元《水经注》卷三十四却明白记载："杜元凯之攻江陵也，城上人以瓠系狗颈示之，元凯病瘿故也。及城陷，杀城中老小，血流沾足，论者以此薄之。"这样就是报复性的无差别杀戮了。

又，曹翰征服江州时大开杀戒，后来却得善终，故王禹偁在《金吾》诗里就感慨"哀荣既如是，报应何足说。……福善与祸淫，斯言仅虚设。"不过，当时倒真有曹氏遭报应的传说。北宋李昌龄《乐善录》卷上有这样一则："曹彬攻金陵，与诸将焚香为誓，曰：'克城之日，幸无妄杀一人。'明日城下按堵〈诸？〉如故。曹翰克江州，忿其城不下，屠之。而彬之子孙，至今贵盛；翰死未三十年，子孙有乞丐于海上者。夫二将成功虽一，然用心相远，故其报亦异。"这个故事，正好呼应了王禹偁的心理。

补记二：

家里有本"世界经典童话绘本"系列的《诺亚方舟》，不用说，是根据《旧约·创世记》改编的。在准备给小朋友讲故事时，我忽然意识到，这并不是一个"健康"的故事，更不适宜用来教育儿童。

在本质上，诺亚方舟的故事，不就是一个加强版的所多玛和蛾摩拉的故事吗？因为人类的罪恶，耶和华就要降洪水消灭人类，正如因为所多玛、蛾摩拉的罪恶，耶和华就要用硫磺与火来毁灭这两座城市里的所有人；耶和华只让诺亚一家活下来，也正如他只让所多玛的罗德一家活下来。全人类就只有诺亚一家是义人，怎么可能！退一步说，即使人类都是有罪的，但什么样的罪恶能大得过消灭全人类的罪恶呢？因此，诺亚方舟实际上是一个极度残忍的故事。作为人类起源（再起源）的神话，这个故事是从诺亚的立场进行叙述的，让读者不自觉地代入到"诺亚子孙"的角色中；这样，我们很容易就会忽略，在诺亚一家人幸存的背后，是世界上所有人的不幸，在鸽子叼回来的橄榄叶的背后，是无数漂浮在洪水中的尸体。

"救生艇伦理"与华歆的道义

——难民问题之困

　　前一阵，在电视节目上，德国总理默克尔对一位巴勒斯坦难民少女表示，德国无法容纳更多移民，"黎巴嫩的巴勒斯坦难民营里有成千上万的人，如果我们说'你们都来德国吧，非洲国家的人都可以来德国'，那我们就根本应付不过来了。"少女闻之失声痛哭。事后默克尔被指过于冷酷。

　　但实际上，相对于欧盟其他国家，德国的移民政策已甚宽松了。比如，近日英国有四十多万人呼吁接纳难民，但即便有此民意，卡梅伦政府仍抱持抵制的态度。

　　匈牙利总理欧尔班更将中东难民问题归因于德国："这不是欧洲的问题，这是德国的问题。没人打算待在匈牙利、斯洛伐克、波兰或者爱沙尼亚，他们都要去德国。"他更表示："如果我们制造一种印象，即'来吧，我们愿意接收每一个人'，这将不道德。道德、人性的做法应该是明确说：'请不要来。'"这当然是对德国政府的批评，也是对默克尔的批评。

同一个默克尔，在移民问题上两头受气，可见难民潮所造成的政治困局。

在我看来，难民问题近乎无解，比之民主问题更为复杂。民主问题只关乎共同体的内部，是政治垄断与权力共享之间的拉锯；而难民问题更牵涉共同体的外部，是共同体成员的实际利益与人道主义的抽象价值之间的冲突。不收容难民，自然有亏于道德；但若收容难民，则又有损共同体成员的既有利益。在旁观者来说，难民问题只是道义的问题；而在当事者来说，难民问题更是负担的问题。

难民问题之困，可以透过简化的"救生艇理论"来理解。

在翻检美国法学家卡尔·威尔曼的《真正的权利》一书时，我偶尔留意到这一命题。书中第八章提及，美国经济学家加勒特·哈丁——他以提出"公地悲剧"学说闻名——针对南北贫富问题，早在1974年就提出过一个极有争议性的"救生艇伦理"难题。他假设了这样的情境："富国和穷国的国民分别在两艘救生艇上，前者相对富有。当穷人跳入水中，游到富人的艇边，期待被接纳或者希望以其他方式获得好处时，富人应该怎么做呢？"富人的救生艇限载60人，此时船上已有50人，却有100人申请上船，如何应对？基于西方国家的情形，他设想了三种可能的公共政策：

一、接受100人登船。结果是船只超重沉没，完全的正义导致了完全的灾难。

二、接受10人上船。如此，船只达到了载重的极限，其安全性降低，一旦遭遇意外即可能同归于尽。而且，还有个极大的难题：如何从 100 人里选择 10 人？选择的标准是什么，是先到者优先、优秀者优先，还是需要者优先？作出选择的决定之后，又如何面对那被拒绝的 90 人呢？

三、拒绝任何人登船。维持船只原有的安全水平，保证原来 50 人的利益最大化。

哈丁承认，第三种策略是违反道德的，但他仍坚定地反对前两种策略："这两种自杀式政策之所以具有吸引力，是因为它契合了我们那种不假思索的'最优秀的人'的想法。但这种理想主义的观点忽略了权利和义务实为一体的事实。分享道德理论的根本性错误在于它导致了公地悲剧。……在一个缺少理智、拥挤的世界里我们很难预料到'公地'会造成何种不可避免的共同的灾难。"

哈丁的结论，简而言之，就是反对救助穷国，也拒绝穷国移民，其立场显然是"冷酷"的、"右翼"的；但不可否认，在纯学理上，这个"救生艇伦理"自成一家之言。设身处地地想，当风平浪静时，救生艇上的富人或许会对船外的穷人施以援手，但若遇上风云突变、自身难保的时候呢？"救生艇理论"可以毫无违和感地运用于目前欧洲的难民问题。我们都知道，欧盟诸国才因为希腊问题弄得鸡毛鸭血，假若经济更不景气，假若族群的信仰冲突更为剧烈，他们还会放开关卡让中东难民的人潮拥进来吗？叙利亚小艾兰的死亡映像震动全球，一时间令接纳难民的舆论占了上风，但如果，如果再来一次《查理周刊》

血腥事件呢?

对于难民问题,除了"救生艇理论"之外,我还想到另一个古典的参照——一则《世说新语》中的名人轶事。

翻开《世说》没几页,就能看到这个掌故:"华歆、王朗俱乘船避难,有一人欲依附,歆辄难之。朗曰:'幸尚宽,何为不可?'后贼追至,王欲舍所携人。歆曰:'本所以疑,正为此耳。既已纳其自托,宁可以急相弃邪?'遂携拯如初。世以此定华、王优劣。"这个故事,跟哈丁的"救生艇伦理"难题正有可比性。"救生艇伦理"难题强调的是,若接纳新成员上船,则旧乘客的利益将受到损害;而华歆、王朗故事强调的是,若接纳新成员上船,旧乘客对新成员将负有道义上的责任。相比之下,我以为后者更有内涵,更耐人寻思,对理解难民问题也是有帮助的。

华歆原来不情愿接纳那位求助者,因为船上增加一人,行程的风险也就相应增加;到后来强盗迫近,情势危殆,王朗想抛弃那位求助者,此时华歆反倒不同意了,因为既已接纳,在信义上就宜有始有终,不应半途而背弃之。王朗是做无事时的好人,华歆是做有事时的好人。在逻辑上,此事可以这么理解:当面对求助者时,可接纳而不接纳,确是有道德问题的,但终究没有义务非接纳不可;而一旦接纳了,就等于接受对方加入这个临时的共同体,代表了一种承诺,甚至一种契约。这样的话,若出尔反尔,半路弃之死地,就不仅存在更严重的道德问题,也存在事实上的责任问题了。

救助他人的行为，不能是一次性的，而是一个过程，还有救助之后的救助问题。华歆了不起的地方，在于他不仅考虑到是否接纳求助者的问题，还考虑到接纳求助者之后的问题，于事缓时有远见，于事急时复有担当。不轻于接受，但接受之后，即负责到底——这就是华歆的道义。（顺便说一句，这个华歆，就是著名的"管宁割席"故事中的华歆。只是在彼故事里，华歆只衬托了管宁的高大上，有点被鄙视了；而在此故事里，华歆却抛离王朗一条街，是被世人点赞的。）

在移民或难民问题上，不用说，华歆是稀有的，而王朗是更多见的。

可以举中国人的痛史为例：在美国最需劳力的时候，包括早期对华贸易、开发西部、淘金潮、修建中央太平洋铁路种种，都大量引进华工；而到了 19 世纪末叶，劳工市场变得拥挤，美国就过河拆桥，通过歧视性的法案以驱逐华人了。美国人之所行，可以说是王朗式的变脸政治，是很可耻的，是美国史上最阴暗的章节之一。我们讨论难民问题，不应忘了祖辈在美国的教训。

接纳难民，固然很难得，但接纳难民之后呢？能保证难民及其后代拥有基本的生活条件和公民待遇吗，能保证他们免于被歧视、被排斥、被遣返吗？嗯，卡梅伦、欧尔班未必就是华歆，但支持收留难民的那些欧洲好人们，也未必不会成为王朗啊。毕竟，像王朗那样做一时的好人是容易的，像华歆那样好人做到底就难了。

柏林墙倒塌的一幕，我们记忆犹新，曾日月之几何，据说国境上的隔离墙已纷纷重现于世：过去的以色列、伊朗、印度、沙特、西班牙、肯尼亚，近时的匈牙利、保加利亚、爱沙尼亚；甚至，在自由的美利坚，也有总统候选人放出话来，要在美墨边境上修建隔离墙。遏制意识形态的旧墙拆毁了，阻拦偷渡客的新墙又建造起来了。这最明白地昭示了难民问题的困境。

在世界经济衰退的阴影下，在共同体内部利益的压力下，不唯华歆难再得，只怕王朗也会越来越不易见了。

（原刊《腾讯·大家》2015 年 9 月 10 日）

补记：

与难民问题性质相类的，还有国际救援问题，而救援问题也面临着跟难民问题一样的道德困境。西方政治作家罗伯特·D.卡普兰指出："不论价值在原则上是多么的普世，它们总是需要强力和私利来执行。在 20 世纪 90 年代，梵蒂冈、东正教会、联合国对巴尔干地区的战争罪行做出反应，它们不是异口同声地谴责，而是踌躇犹豫。期望人类和组织优先考虑别人的利益，然后才是自己的利益，这是要求他们否定自己的自保本能。即使对于救援慈善会和其他非政府组织，私利也是第一位的：他们游说在他们活跃的地区实施干涉，而不是在他们不那么活跃的其他地方。"（《武士政治：领导层为什么需要异教徒的精神气质》，丁力译，山西人民出版社 2014 年版，第 136—137 页）

论宽恕

　　这是个博爱的年代。有的人要拯救动物，也有的人要宽恕罪犯。

　　去年，尼日利亚有276名女中学生被恐怖组织"博科圣地"绑架，至今下落不明。而在侥幸逃脱的女生当中，已有人大度地表示："我并不对'博科圣地'感到愤怒，因为根据我自己的了解，他们认为教育并不重要，他们不知道自己在做什么……我原谅'博科圣地'所为，我也祈祷上帝原谅他们。"

　　最典型的，应是2007年的事情，美国弗吉尼亚理工大学的韩裔学生赵承熙枪杀了32名师生，随后饮弹自尽。在悼念活动中，赵承熙也被当作遇难者，建造了33个悼念碑，敲响了33声丧钟，放飞了33只气球——都包括了赵承熙。放气球时，有学生表示："他也是我们学校的学生，一共有33名学生死亡。我们应该公平地为所有人的死亡哀悼。"在献予赵承熙的鲜花丛中，有一张便笺写着："希望你知道我并没有太生你的气，不憎恨你。你没有得到任何帮助和安慰，对此我感到非常心痛。"

在我们这里，当马加爵用铁锤杀死 4 名同学，当陈水总纵火让 47 名公交车乘客跟他同归于尽，也有人发出了宽恕的声音。甚至，当药家鑫驾车伤人并连刺八刀致人死命后，我们可爱的熊培云先生还表示："比死刑更可怕的是此社会无宽恕、无对生命之敬畏。""为什么要在一具尸体上寻求不可能完成的公正？"

我总觉得，这种基于基督教背景衍生出来的人道观念或博爱观念，已经过于充溢，过于泛滥，以至于湮没了是非与善恶的堤岸。宽恕是一种善，但它作为一种价值若被绝对化、被极端化，善，也是会异化为伪善的。

来自赵承熙故国的电影《密阳》，就质疑了这种西方式的宽恕观念。全度妍饰演的那位单身母亲，儿子被无端杀害，在彷徨无依的心理状态下，接受了教会的布道，最后决定宽恕凶手。当她去到监狱，面对凶手，正要表示宽恕他时，凶手却对她说：上帝已经宽恕他了！他的内心很平静。母亲始而愕然，随之茫然，终于愤然：作为受害者，她还没有宽恕凶手，上帝怎么能先宽恕凶手呢?！这可以说是一位母亲的约伯式诘问。

其实，早在陀思妥耶夫斯基的《卡拉马佐夫兄弟》那里，立场已较之《密阳》更进了一步。二哥伊万以孩子的受难质疑上帝的存在，跟弟弟阿辽沙举了一个残忍的事例：一位八岁的小男孩扔石头砸伤了将军的猎犬，将军就指挥所有的猎犬向男孩扑去，将他"撕成碎片"。那么，假若到了上帝那里，"当天上和地下的一切汇成一片赞美声"的时候，是不是就应当宽恕这一切呢？伊万断然表示："当我自己活到那一天或死而复活的时候，我看着母亲与摧残他孩子的凶手拥抱，或许我自己也将与万众一起欢呼：'主啊，你是正确的！'但那时我不愿欢呼。目前还有时间，我要赶紧把自己保护起来，所以我断然拒绝最高和谐。……说到底，我不愿母亲与唆使猎狗咬死他儿子的凶手拥抱！她最好不要擅自宽恕凶手！万一她愿意，她只能代表自己宽恕凶手给她那颗母亲的心造成的无限痛苦；但她那被撕成碎片的孩子遭的罪，她没有权利宽恕，哪怕孩子自己宽恕了凶手，她也不敢宽恕凶手对他儿子所犯的罪行！……"

嗯，是这样。当失去孩子的母亲没有宽恕凶手，即便是上帝，也不能宽恕凶手。当死去的孩子没有宽恕凶手，即便是母亲，也不能宽恕凶手。

在网上搜索到一篇肖雪慧的《宽容什么，谁来宽恕？》，还看过筱敏的《拿什么去宽恕？》，她们都提到了纳粹集中营幸存者西蒙·威森塔尔的书《向日葵》。西蒙在集中营时，有位党卫军卡尔在濒死前跟他坦白了自己的罪行，希望死前得到宽恕，一个犹太人的宽恕，而西蒙一言不发地走开了。可是，"该不该宽恕凶手"的问题后来却困扰着他，他写信给各界人士征求回应，并写出《向日葵》一书，将44位人士的回应收录书中。这些形形色色的回答，大致有个共识：旁人无权代替受害者宽恕凶手。其中天主教大屠杀研究中心的执委卡拉斯说："假如上帝选择宽恕卡尔，那是上帝的事。西蒙·威森塔尔不能去宽恕，我也不能。"另一位神学家赫舍尔也决然表示:"即使上帝自己也只能宽恕针对他而犯下的罪行,而无权宽恕针对别人犯下的罪行。"

这就对了。宽恕是一种善意,但首先是一种权利——是受害者的权利。宽恕首先是受害者的事,不是旁观者的事。而死者已矣,谁能代表他们呢?没有真正的受害者在场,谁又有资格宽恕凶手呢?

你有你的自由,尽可表示理解,表示宽谅,以显示你无边的博爱,但请你以私人的方式去表示好了。不要在悼念那些无辜的死者时,一同悼念那剥夺他们性命的人,不要让施害者和受害者一同被祈祷,被祝福。对于真正的遇难者们,这是极大的不尊重!弗吉尼亚理工大学的学生冠冕堂皇地说"应该公平地为所有人的死亡哀悼",但这是谁的"公平"呢?忍不住套用一句滥熟的话:那32位被杀者的感受,你们知道吗?

退一步说,我们不妨暂且承认一个形而上的前提:上帝可以宽恕罪犯。

好吧,上帝是全知全能的,是永生永在的,他有资格做任何事。他可以使坏人得到宽恕,正如在《约伯记》里,他也可以使好人承受苦难。对于无所不在、知晓一切的上帝来说,任何个别的罪恶都会转瞬即逝,都是沧海一粟,而且罪恶总会发生,不在这里,就在那里,不在此时,就在彼时,这样,有什么不可宽恕的呢?问题是,我们只是凡人啊,我们只有如此短促、如此渺小、如此卑微的人生,对于我们这些低到尘埃里的个体，罪恶一旦发生，就是无可回避的巨大存在，罪恶造成的创痛，总是我们无法抚平的。那么，假若成了受害者，我们为什么要假装可以原谅那样的罪行呢？假若成了受害者，我们为什么要反过来抚慰那施害者的灵魂呢？

况且，上帝可以做的事，我们凡人就可以做吗？像上帝一样去宽恕罪人，你当自己是谁啊，是不是太狂悖了呢？

作为凡人，尽量过好自己的生活，同时尽量不去伤害他人，这是我们应当做的。至于宽恕——我们不妨宽恕那些可宽恕的，但不必宽恕那些不可宽恕的。宽恕任何罪人，宽恕穷凶极恶之徒，只有高高在上的上帝可以做，我们芸芸众生不当做。

读筱敏的散文集《涉过忘川》，特别留意《广场上的白头巾》那一篇。文章写的是阿根廷军政府恐怖统治时期，有无数的年轻人失踪，后来，越来越多的母亲出现在布宜诺斯艾利斯中心的五月广场，追问儿女的下落，要求政府作出解释。她们手挽手，绕着广场行走，日复一日，年复一年，"母亲们唱连祷歌，母亲们行走，母亲们的白头巾连接成白色的横幛，母亲们的心写满失踪孩子的名字，她们现在要求当局交出杀人犯和帮凶者的名单，母亲们绝不宽恕，当有人念到一个罪恶的名字，母亲们就齐声高唱——主啊，别宽恕他们！"

我认同这样的不宽恕，母亲的不宽恕。

是的，在公共领域，在政治层面，总需要与现实妥协，需要与历史和解，所以南非的图图大主教说了，"没有宽恕，就没有未来"；但在私人领域，在伦理层面，我们可以只服从自己的感受，无需刻意地磨平仇怨，所以鲁迅说了，"我一个都不宽恕"！

为了自己，我们最好能学会淡忘苦难。我们最终也是会淡忘苦难的吧。但淡忘苦难是一件事，宽恕罪恶又是另一件事了。即使忘却，也不必宽恕。

（原刊《腾讯·大家》2015 年 5 月 31 日）

补记：

跟基督教的宽恕观念相呼应，佛教也有一种取消仇恨的观念。《金刚经·离相寂灭分第十四》有一段释迦牟尼对弟子须菩提说的话："如我昔为歌利王割截身体，我于尔时无我相、无人相、无众生相、无寿相。何以故？我于往昔节节支解时，若有我相、人相、众生相、寿者相，应生嗔恨。"这里是说，残暴的歌利王截断了释迦（前身）的手足，但释迦因能消除一切幻相，不分人我，也就无所仇恨了。可是，作为凡人，我们谁能完全泯灭人我之分呢，那么，又有谁能完全取消仇恨呢？

没有冒犯，就没有自由

当《查理周刊》事件才发生的时候，我就听说微博上有不少争议，而我以为是非甚明，毋庸讨论；当我在新浪微博看到有人转发一位教授先生的话："表达既是权利，也是权力，很多情况下更是暴力，而且是比肉体消灭更彻底的一种暴力。"仍一笑置之，觉得不值一驳。但当我看到邵建先生在"腾讯·大家"发表的《"敬"是自由的自律》，就有了回应的冲动。

邵建提出了这样的问题："一个人的言论自由可以冒犯其他对象的信仰自由吗？"他基于严复所译《群己权界论》的意蕴，也即所谓"人得自繇，而必以他人之自繇为界"，认为在"言论自由 VS 信仰自由"的情形下，"言论不应伤害他人的信仰"，"免于伤害的自由，其实是自由的底线"。邵先生于胡适研究有素，是真正信奉自由主义者，连他都有此看法，说明这确实成为一个值得讨论的"问题"了。

在此，我想先确定一个前提：自由应当有不同层面，有实践上的自由，也有观念上的自由。在实践层面，任何个体的权利空间都是有限的，个体间在行为上是互为干扰的，一旦个体的行为超出其权利空间，就会侵犯到他人的权利空间，此时的自由是形而下的，有些类似领土，彼此是有边界的，在此意义上，"自繇必以他人之自繇为界"当然是基本的规则；但在观念层面，任何个体的权利空间应是无限的，个体间的权利空间是互为交错、互为镶嵌、互为纠缠的，此时的自由是形而上的，有些类似市场，彼此不可能设立边界，也不应当设立边界，在此意义上，"自繇必以他人之自繇为界"这一原则就不适用了。简单说，言论自由有底线，但无边界，无禁区，思想必然是相互敌对、相互竞争、相互冲突的——也就是说，我们必然会相互冒犯。

回过来看，我以为邵先生的问题，是将实践层面的自由规则，机械地运用到了观念层面。

在观念层面，我们怎么可能不冒犯他人呢？对于他人包括信仰在内的思想，如果只能尊重，只能抱着"敬"的态度，那就没有言论自由可言了。以《查理周刊》来说，如果不能讽刺，不能恶搞，不能亵渎，那么漫画也就死了。邵建所质疑的西蒙·沙玛的话："对讽刺艺术的扼杀是件需要严肃对待的事。发生在《查理周刊》的这场恐怖屠杀提醒我们：'不敬'是自由的命脉。……《查理周刊》这样的杂志以无礼的（甚至是放肆的）嘲弄为主业，但他们存在的价值，就在于使我们永远不会想当然地对待'不敬'这份礼物。"我以为恰恰说得很好。

信仰是自由的，但不存在一种信仰不受批评的自由。准确点说，所谓信仰自由，是意味着信仰在实践层面可以不受他人的干涉，但并不意味着信仰在观念层面可以不受他人的指责；信仰自由不是单向度的。在教外人来说，应当容忍教徒作为行为的信仰，而在教徒来说，则应当容忍教外人作为言论的反信仰。因此，"自繇必以他人之自繇为界"这句话，不宜理解为言论自由不能冒犯他人的信仰自由，倒应理解为信仰自由必须容忍他人的言论自由。这才是信仰自由的题中应有之义吧。否则，片面地强调"敬"，就等于以信仰取消了批评，以尊重取消了自由。

　　一部自由史，尤其是西方自由史，也就是一部冒犯天主教的历史。因此，从历史立场，也不妨说：没有冒犯，就没有自由。

　　邵建先生对胡适熟悉不过，他不应忘记，1925年北京发生群众烧毁《晨报》事件之后，胡适写信给陈独秀表示："《晨报》近年的主张，无论在你我眼睛里为是为非，决没有'该'被自命争自由的民众烧毁的罪状……"他也应记得，其后胡适又在《新月》杂志接连发表了《新文化运动与国民党》、《知难，行亦不易》等文章，指斥在国民党政府统治下，"上帝可以否认，而孙中山不许批评。礼拜可以不做，而总理遗嘱不可不读，纪念周不可不做。"对于三民主义信仰，对于孙中山崇拜，这自然是"不敬"的了。

　　我想，"敬"是一种美德，但"不敬"是一项权利；"自律"是一种美德，但"冒犯"是一项权利，不能以美德的标准来限定言论的权利。

在具体表达上，《查理周刊》未尝没有过火，但我们首先得断然地承认，他们有如此表达的权利，有冒犯的权利。还有，作为一种策略，他们的表达是不是可以节制些，自然也可商榷，但那是"利害"问题，不是"是非"问题。在"是非"问题上，也即在言论自由意义上，《查理周刊》并无不当。在这一事件中，不存在什么言论自由与信仰自由的较量，他们只是死于手执 AK-47 的蒙昧而已。

也许，我们已过于文明了，文明已到了要对言论自由产生自我怀疑的地步了，以至于在价值相对的名义下放纵了对野蛮的畏缩反应，以至于在尊重信仰的名义下滋长了对邪恶的绥靖心理。可是，就算文明足以让接受它的人放弃"批判的武器"，却不足以让不接受它的人放弃"武器的批判"。

我们生活于斯的，远不是一个完美的世界。在这个世界里，总还有拒绝文明的人，总还有如邵先生所说的"用子弹发言"的人，总还有恐怖分子、暴君或新的宗教裁判所——他们总会被冒犯的。

附记：

"人得自繇，而必以他人之自繇为界"一语，似非约翰·穆勒《论自由》里的原话，而是来自严复在中译本《群己权界论·译凡例》（光绪二十九年）的总结；而且，作出类似表述的，严复也非最早者，至少，在《万国公报》里，马林、李玉书所译施本恩（斯宾塞）《自由篇·序》（光绪二十六年）里，已有"人欲自由，当以他人之自由为界"那样的话了。

（原刊《腾讯·大家》2015年1月28日）

补记：

众所周知，伯林在《两种自由概念》中提出了"积极自由"VS"消极自由"的著名区分："积极自由"是主动的，是"做……的自由"；"消极自由"是被动的，是"不做……的自由"。伯林本人是赞同"消极自由"的。

借用伯林的概念，我的立场就可以表述为：在实践/行为层面，我认同"消极自由"；在观念/言论层面，我认同"积极自由"。

反过来，这也意味着，如引入"自由有不同层面"这一变量，对于伯林"积极自由"、"消极自由"的学说就可作出进一步的分疏。在实践/行为层面，伯林倾向于"消极自由"，对"积极自由"表示疑虑，是有其理由的；但我们也不必因此完全抛弃"积极自由"，在观念/言论层面，"积极自由"仍应存在，也必然会存在。没有"消极自由"，就无法保障个人拥有不受侵犯的**最低限度的行为空间**；而没有"积极自由"，就无法保障个人拥有不受限制的**最大限度的思想空间**。

噪音：一个自由问题

在《没有冒犯，就没有自由》那篇文章里，我指出了一个意思：严复将穆勒《论自由》一书的主旨总结为"群己权界"，即所谓"人得自繇，而必以他人之自繇为界"，这一原则适用于实践层面，但并不适用于观念层面，在思想言论方面，既不能，也不应设定一个固定边界。

而现在，我的认识更进了一步：即使在形而下的实践层面，"群己权界"也非总是适用的，在不同的个体自由之间，不同的个体权利之间，未必就能划疆而治，井水不犯河水。

触发我产生这一想法的，是春节那一阵的爆竹存废之争，尤其是崔卫平与张晓舟在新浪微博里的唇枪舌剑。

在我看来，放爆竹也隐含着一个关乎个人自由的问题：作为一种传统习俗，放爆竹可以算作一项权利；但作为普通居民，拥有安静的空间，也是当然的权利。这两者之间，哪个更重要？是让放爆竹的权利破坏安静的权利，还是让安静的权利取消放爆竹的权利呢？在爆竹问题上，施者和受者的自由显然是互为冲突的，也是难以做到"以他人之自繇为界"的。

且不论放爆竹所包含的安全问题、环境问题，若仅因为它侵犯了大多数人拥有的安静的权利，就要完全取消这一习俗，那么，按同样逻辑，我们不是也可以要求禁止大妈跳广场舞、禁止养宠物狗、禁止轿车安装防盗器吗？是不是也可以禁止最让人抓狂的房屋装修呢？因此，只见于年节期间的爆竹问题是特殊的，但这个特殊的问题，却折射出普遍的问题——我们日常生活中时时处处都存在的噪音问题，以及噪音问题中所隐含的自由问题。

从个人自由的立场，噪音问题的性质，可以归结为对他人拥有安静空间的权利的侵犯；但问题的复杂性和特殊性在于，这种侵犯客观上几乎是无可避免的。

在理念上，我们首先要承认，每个人都应拥有听觉权利的私有空间，或者说，应拥有独立的、不受侵犯的听觉空间；但在实践上，声音的物理性质决定了，它作为个人行为的延伸，无法像个人行为本身那样可以自限于权利边界之内。个人行为所造成的声音，比如私宅中的影音、宠物吵闹、装修，比如开放性公共空间中的汽车喇叭或防盗器、广场舞、爆竹，比如封闭性公共空间（公交、地铁、电梯、公厕、餐馆、会议室）中的喧哗、手机通话、玩游戏、儿童吵闹，几乎总要超越个人所应有的听觉空间，总要辐射到他人所应有的听觉空间，而一旦如此，我之声音，就成为彼之噪音了。

同时，这种侵犯又是互为性的、双向度的，不仅个人总会侵犯他人的听觉空间，个人的听觉空间也总会被他人侵犯。一句话，在听觉上，我们无法不逾边界，我们必然会相互侵犯，听觉的相互侵犯可以说是我们生活的常态。我们各自造成的声音，必然会成为彼此的噪音。

　　我以为，还可以由此进一步申论：个人的自由，在现实中难免会侵害到他人的自由；个人行为，或个人行为的后果，客观上总会溢出其权利边界，几乎无人可以做到绝对不侵害他人的权利空间。

　　在此意义上，所谓"人得自繇，而必以他人之自繇为界"，很多时候是无从落实的。这可以说是"群己权界论"的困境，甚至也是自由的困境。这就意味着，穆勒、严复将自由定义为"群己权界"，在观念上不论如何正大如何精辟，其可操作的范围却是有限的，现实总要比理论复杂得多。

　　一项行为或事物引发的纠纷，只有当此行为或事物可以清晰地确定其权利边界，才适宜通过法律方式解决；而声音作为一种行为，或者说行为的后果，恰恰无法清晰地确定其权利边界，无法清晰地确定其侵犯他人权利空间的程度。因此，我们不难想象，极端化的噪音问题，固然可付诸法律或行政手段以求救济；但日常化的噪音问题，无论从成本角度，还是从执行角度，都不易依凭法律或行政手段去应对。也就是说，在理论上，个人虽拥有维护安静空间的权利，但在实践上，个人却难以采取有效的强制手段以保护这一权利；噪音问题固然可以归结为权利问题，却不能仅依赖捍卫权利的方式来解决。我想，噪音问题是无法根除、只能减轻的，而归根结底，最有效的方法，无非是最简单的方法：作为个人，我们在行使自身的权利时，也要设身处地，尊重他人的权利；只有养成自律的意识，尽可能减少对他人权利空间的侵犯，才可能最终减少他人对自身权利空间的侵犯。易言之，噪音的应付之道，不在法律，而在伦理，不在短期的手段，而在长期的习惯，不在强调个人权利，而在提升个人素质。最重要的是我们彼此的尊重，彼此的体谅，彼此的自律。作为噪音的施者，其行为的力度应尽量减轻，时间应尽量减短；而作为噪音的受者，也应在一定程度上容忍他人因自由行为而造成的听觉侵害——毕竟，这种侵害与容忍是相互的，我们每个人都同时是侵害者和容忍者，我们也会侵害他人，我们自然也得容忍他人的侵害。

比如，具体到放爆竹的问题，我的意见如此：放爆竹作为一种越来越"少数派"的权利，确实侵犯了"沉默的大多数"的权利，放爆竹者很应当注意时间和地点，以减轻对他者的干扰；但另一方面，放爆竹作为一种传统，即使不是一种好传统，也不过是一年一度的放纵，厌烦爆竹者是不是也应忍让一时，尊重一下这种"过于喧嚣的孤独"的权利呢？

关于噪音问题，去年有两本翻译过来的调查报告：一本是赢得书评人力捧的《一平方英寸的寂静》（商务印书馆），属于环保主义性质，主要针对噪音对自然界的破坏；另一本是似乎无人喝彩的《噪音书》（重庆大学出版社），属于社会问题性质，更关注噪音对人类社会的影响。在我，更认同后一本书的取向。我觉得，追求大自然的宁静，是过分奢侈的理想；我的期望，只是降低人世间的喧嚣，赢得最低限度的城市宁静而已。

人类已经太多了，我们只能生活在"拥挤社会"之中，个人是无法自外于人群的。就形而上的意义来说，我们各有各的权利，各有各的安静空间，但究其实，我们各人的安静空间其实是错杂地镶嵌在一起的，我们拥有的，不如说是同一个安静空间。若想获得一个属于个人的安静空间，取决于拥有一个属于所有人的安静空间——只要一个人的任性，就可以破坏属于所有人的安静空间；而非得所有人的自律，才可能维持属于个人的安静空间。"天下兴亡，匹夫有责"，多少只是修辞，但在噪音问题上，"匹夫有责"就绝非虚言了。

如果说，在商业领域，所有人的自私可能造就一个繁荣的社会（这一点其实也颇有人质疑。事实上，英、美的经济繁荣都得力于"看得见的手"，并非完全凭藉"看不见的手"）；但在生活领域，所有人的自私只会造成一个灾难的社会吧。

如此，抵制噪音，保有安静，出发点是个人权利问题，但最终要归结为个人责任问题。这似乎是个悖论。但实际上，自由问题总是如此的。权利作为一种价值终有其止境，人与人的关系，共同体的秩序，是无法仅通过争取权利的方式来维系的。没有责任，也没有自由。

（原刊《腾讯·大家》2015 年 4 月 12 日）

书信发表权之私见

钱锺书书信拍卖案，杨绛一审胜诉，再度成为新闻焦点。

首先声明，我个人相信，如不考虑人情因素，拍卖钱氏信件在法理上本无问题。

看毕北京市第二中级人民法院的判决，我的感觉是：对于这批钱氏书信，拍卖公司本可照拍不误，因为拍卖只涉及所有权，无关乎著作权，即便拍卖公司和原收信人李国强侵犯钱氏著作权和隐私权成立，但通过拍卖转移书信所有权这一行为本身仍不违法；杨绛可以要求禁止发表，却无权阻止拍卖，她若针对拍卖钱氏书信这一行为起诉，本来是无法可依的。拍卖公司迫于压力撤拍，并没有换来杨绛的谅解，反而输掉了官司，可称赔了夫人又折兵，至于李国强，更可谓躺着中枪了。

为被告方辩护，不是我的职分，也不是我的目的。这一事件作为新闻，对于一般舆论来说，是拍卖的问题，是生意的问题；而对于我来说，则是史料的问题，是学术的问题。此事不

265

仅关涉钱锺书一人，实际上可能关涉众多的知识分子；此事也不仅关涉收藏一事，还关涉学术研究中史料的搜集和公布。

当然，从现行法律角度分析这一事件，非我所能，也非我所欲。我只想就情理——我心目中的"自然法"——提出一些看法。

首先，我们不妨假设一种情境：如果李国强撰文回忆钱锺书，全文披露这批信件，那是不是就构成侵权了呢？如果是，则显然违反常理；如其不然，那么，他将钱氏信件私下转让，间接导致部分书信非正式地公开，怎么反倒成了侵权呢？

事实上，我真正想质疑的，还不是法院判决的结果，而是法院判决的法理依据。

对于钱氏书信案，法院首先是按著作权法审理的，其判决称："涉案书信均为写信人独立创作的表达个人感情及观点或叙述个人生活及工作事务方面的内容，是以文字、符号等形式表达出来的文学、艺术和科学领域内的智力成果，符合作品独创性要求，构成我国著作权法保护的作品。"这就是说，法院将钱氏书信完全等同于创作性文本；按著作权法，发表权从属于著作权，于是，法院由此断定，这批书信的发表权也属于钱氏著作权的继承人。

但我怀疑，私人信件的性质和权利问题，恐怕还属于现行法律的盲点。

我以为，书信作为私人间的交际性文本，性质绝不同于一般的创作性文本，它并不是仅仅从属于作者个人的创作行为，而是从属于通信双方的交往行为；写信作为一种交际方式，并非由写信人单独造成的，而是由写信人和收信人共同造成的。对于在交际过程中形成的文本，写信人和收信人都有义务保守对方包括隐私在内的权益，双方的权利和责任应当是双向度的，是互为关联、不可割裂的，甚至可以将此视为一种双方默认的契约行为，一种不是契约的契约。这样的话，如要运用著作权法来判定私人信件的性质，就应当使发表权独立于著作权，正如使所有权独立于著作权一样——写信人固然拥有完全的著作权，却不等于因此就拥有完全的发表权，公开或不公开信件的权利，收信人也应拥有。

我们还可以从隐私权的角度来看待私人信件的性质：在私人信件中，固然可能有写信人不愿公开的内容，但同样可能包括收信人不愿公开的内容。比如钱锺书写给李国强的信，固然可能有钱氏的隐私，但不也可能有李氏的隐私吗？因此，若着眼于隐私权的话，则写信人、收信人都应同样受到法律保护。这也就意味着，对于信件的处置，包括对隐私的保密，写信人、收信人双方应互有责任，也互有权利。信件公开与否，其权利不应仅属于写信人，也应属于收信人。

总而言之，我觉得，书信的法律性质，应当区别于一般的著作文本。写信人和收信人都应拥有信件的发表权，或者，写信人和收信人都只拥有部分的发表权，发表权不应由写信人垄断。易言之，李国强不应没有对钱锺书信件的处置权。

还有一个或许可资参照的事例：按照西方式的习惯，作品一旦发表，发表方即拥有对作品的专有出版权，作者要将作品结集另外刊行，至少在形式上要得到发表方的同意。这就是说，即使是创作性文本，作者也未必完全拥有发表权，更何况是私人信件呢？一句话，作者，即著作权所有人，对文本发表的权利并不是无限的、绝对的。

书信发表权的归属问题，实攸关于学术研究。以文史领域为例，像《王国维未刊来往书信集》，像《陈垣来往书信集》，像《胡适遗稿及秘藏书信》、《胡适来往书信选》、《胡适论学往来书信选》，像《清晖山馆友声集》，都包含了众多的"他人"书信，甚至《顾颉刚全集·书信集》、《傅斯年遗札》，还有编订中的《龙榆生全集》，也都是如此。那些写信人虽多已不在人世，但若像北京中院那样，按著作权法来判断的话，不少信件的著作权仍未超过版权期限，那么，以上这些重要的学术文献，岂不是都存在着大量的侵权行为了吗？学人"盖棺有日"，书信"出版无期"——这样的苦恼，我们从此就只好默默忍受了吗？

因此，北京中院的这个判决，不仅有损于拍卖业，也有损于学术界。兹事体大，是需要我们起而回应的。

（原刊《南方都市报》2014 年 2 月 25 日）

补记：

文章发表后，曾贴到"布衣书局"的论坛，跟网友有了更多的互动，现摘录部分讨论（仿宋字部分系网友的发言）。

文章发表后，又想到两点：

其一、传统式的书信往来，在性质上，与今日网络上的种种"私信"沟通实无差别，无非只是纸质版与电子版之别；甚至与私人间的对话也无差别，无非只是文字与口头之别。难道所有私信或谈话的公布，也都要按著作权法来处理吗？我想，私信、谈话之类，若说存在一定期限的隐私权，那是合乎情理的，但若说存在著作权，则殊不合情理了。而且，在执法上恐怕也会陷于困境的。

其二、照我理解，所谓隐私权的法律目的，本是为了避免隐私披露造成对当事人的精神伤害，若当事人已经离世，即不存在精神伤害的问题，那么，当事人保守隐私的权利也就应随之取消。因此，隐私权不应是没有期限的，应当及身而止。当事人若在世，则私权大于公权，隐私权大于知情权；当事人若已辞世，则应反之。个人的名誉权可以延续到身后，但隐私权不应延续到身后。

我理解，不管是谁，写了一封信，只要不是抄政府文件，抄数学公式，抄图纸，只要有自己的看法，或谈了自己知道的

269

情况，这些情况有自己的表达形式，就自动产生了著作权。

——你这个解释比法院更"坚定"，这等于是说，不管是谁，不管以何种方式，只是作了某种表达，就自动享有著作权了。别忘了，冯公（按：冯象）说口头表演也有著作权，那么按这个逻辑，口头表达也应当自动产生著作权了，是否采取传统的书信形式并不是关键。

但我强调的是，书信的性质是互动的，跟单纯的"表达"不一样，而著作权法没有作出这种区分。将著作权法运用于书信问题，等于是一种权宜之计。好有一比：偷情是双向度的，强奸是单向度的，不应当用判强奸的法律来处理偷情问题。

当对方写信给你时，已经等同于"授权"你在回信中引用了。

——双方通信，可以理解为是相互授权。本来通信行为，或许归为伦理范畴更合适，也就是对于书信的处置，双方应有相互的义务；但若非要归为法律范畴来处理，则应理解为，对于书信的处置，双方应有相互的权利。

"授权"这个概念很有用，果然是商量加邃密。

总结一下我的意见：通信是一个连续的、完整的过程，在法理上，不宜将某一方的书信从这个过程中孤立出来，视为独立的、自足的文本。通信作为交际过程，应理解为双方相互授权的行为，对于在此过程中的意见交流（无论是采用纸质的形式还是网络的形式），双方应共守其义务，也应共享其权利。

私人书信和其他文字作品，主要的区别只是受众不同。

私人书信的受众只有特定一人或多人；其他大部分文字作品的受众是不特定的广大人群。

甚至有的私人书信，只是写给作者自己看的。

——这个说法，冰老（按：冰爽茶）前面已经讨论过了。这是一种修辞性的表述，有时不妨这么说（就比如黑格尔说：专制是一个人的自由，民主是所有人的自由），但认真的场合就不行了。这混淆了书信（保密性）和一般著述（公开性）在性质上的区别。

而且，这么说有个严重的漏洞，对我的看法反而有利。对于著作的发表权，法律重在首次发表权，如果你将写信等同于一般文本，将收信人视为受众，就意味着，当你寄信给他看时，你的文本已经发表了。文本既然已发表，至少已不存在对首次发表权的侵犯，这样即使仍存在侵权的性质，也很轻微了。

写给别人的信，要用的时候征得收信人许可，这不是法律，应该是出于礼貌。这并不能证明收信人可以随便处置他人来信。

——换个角度重新说一下，我是这么理解的：如果抛开法律（就想象还没有著作权法的时候），那么从情理上讲，我写给某人的信，他要公开，当然应当得到我的许可为好，但我要公开，同样也应当得到对方的许可为好。说这是"礼貌"也好，说这是"义务"也好，总之这种"礼貌"和"义务"是相互的。

那么，如果引入法律来判断写信的行为，就应当将原来的

"礼貌"或"义务"转换为"权利",因此,这个"权利"也应当是相互的。

而现行法律,则是按著作权法来判断写信的行为,于是对信的处置权完全归于写信人,收信人完全没有权利可言,这样其实是造成了发表权与所有权的完全分裂,使写信人和收信人无形中处于对立的地位。

书信发表权再议

由于钱锺书书信拍卖案的触发，我曾发表《书信发表权之私见》一文，提出了异于现行司法的看法。

对于我的理由和逻辑，自信并不容易反驳，但我非法学中人，而且我是从书信作为交际方式这一角度进行论辩的，故一般人恐怕慑于法律的专业性，视法律的既定规条为天经地义，想来也不易接受我的看法。

近日，我从娱乐事件中偶有领悟，觉得从现行司法的逻辑，也未尝不可以推衍出我原来的结论。

近期有一件很轰动的娱乐八卦，即所谓"好莱坞艳照门"事件。据报道，艳照泄露之后，受害者詹尼弗·劳伦斯（2012年奥斯卡最佳女主角）要求公布艳照的色情网站立刻删除她的裸照，但网站强硬回应：裸照包括他人拍摄的部分，版权属于拍摄者，劳伦斯若要求删除裸照，必须提供拍摄者同意转让版权的证明。色情网站的回应，其实只是狡辩，劳伦斯作为照片的肖像权人，当然是有理由要求删除照片的。只是，从法律上说，人物照片的法律权利的确不是一元的，被拍摄者固然有部分权利，但拍摄者也有部分权利；也就是说，人物照片兼有肖像权和著作权，对于人物照片的合法发表，需要同时取得肖像权人和著作权人的双重许可。

从人物照片的权利归属问题，可以引出一个并非不重要的结论：发表权可以是独立的，拥有著作权，绝不必然拥有发表权。——由此，我以为恰恰有助于理解书信的权利归属问题。

我们知道，人物摄影的特点，在于其拍摄对象是特定的，拍摄作为一种创作行为，"嵌入"了拍摄对象的隐私权利。所谓肖像权，可以归为广义的隐私权，是拍摄对象对于照片所拥有的一种专属权利。这样，照片就必须经由拍摄者和拍摄对象双方同意，才能发表；照片的拍摄者，即照片的著作权人，不能垄断照片的发表权。

那么，再来看书信问题。跟公开发表的文章性质不同，私人书信的特点，在于其阅读对象是特定的，写信作为一种创作行为，"嵌入"了收信人的隐私权利——这一点，跟人物摄影在性质上是一致的，因此，也可以运用同一种法律逻辑来处理。可以说，在写信这一行为中，写信人给予了收信人一种排他性的阅读权利；那么，相应的，收信人作为书信的特定接收对象，也应对书信具有一种排他性的处置权利。这种权利，叫隐私权也好，叫公开权也好，甚至叫"书信的肖像权"也好，总之应当是对书信内容的一种专属使用权，是写信人也不能剥夺的权

274

利（如果肖像权可以称为图像的专有权，这就可以称为文字的专有权）。而按现行法规，写信人完全垄断了书信作为文本的发表权，收信人除了书信作为物品的占有权，别无其他，这显然是不充分的，既不合现实的情理，也不合法律的逻辑。

简单说吧，照片是为拍摄对象而拍的，因而拍摄对象对照片应有权利；书信是为收信人而写的，因而收信人对书信也应有权利。

正如人物照片的著作权人并不拥有完全的发表权一样，书信的著作权人也不应独占其发表权。私人书信的发表，须由写信人和收信人（或各自权利的继承者）双方同意，才是合理的，也就是书信的发表权应由双方共同拥有。

落实到钱锺书书信一案，我以为最合理的结论应当是：作为书信的著作权人，杨绛确实有理由反对拍卖公司公开钱锺书那批书信（但严格说来，她并无理由反对拍卖本身，即无权干预书信占有权的转移）；反过来，作为书信的接收者，李国强也同样可以干预钱锺书那批信件的发表或使用——比如，假使有朝一日，钱锺书的著作权人要编辑《钱锺书书信集》之类文献的话。

附记：

此前的法律实践，是以著作权法来处理私人书信问题，即将书信的发表权完全归于著作权人，而收信人或书信收藏者的权利只限于作为物品的书信，对于作为文本的书信没有任何权利可言。这就意味着，书信的著作权人具有决定发表与否的绝对权利——可以决定发表，也可以决定不发表；换一种说法则是，可以禁止发表，也可以禁止不发表。那么，在逻辑上，就完全可能出现这样的情形：著作权人可以强迫收信人或书信收藏者公开书信，因为公开书信只涉及文本问题，并不涉及所有权问题，在法律逻辑上，收信人或书信收藏者是无权拒绝的！（在此情形下，发表权与所有权是矛盾的、冲突的，但既然文本的公开并不会损害作为物品的书信，就应当使发表权优先于所有权。）

相反，假如收信人或书信收藏者可以拒绝著作权人的要求，可以拒绝公开书信，那就意味着，他们对于书信的发表与否实际上并非没有权利——但这样一来，又跟书信发表权完全归于著作权人的司法设定互相矛盾了。

这就是说，按照现行司法对私人书信问题的处理，形成了一个**书信发表权的悖论**。这个悖论的存在，充分表明了以著作权法处理私人书信问题的困境。

（原刊《南方都市报》2014 年 9 月 15 日）

补记：

据近期新浪新闻，德国最高法院判决一男子必须删除他与前伴侣的亲密艳照及视频。法院认为，艳照及视频昌是经当事人同意后而摄录的，但两人关系结束，这种同意即失效，为了保障当事人的隐私权，该男子不得保留这些艳照及视频。这一判决，既合情，也合理。

按此逻辑，我们不妨设想一种情形：有一男作家，在与其前女友或前妻关系破裂之后，要将过去给她的书信作为文学作品公开发表。如果这些书信涉及极度私密的内容，那么，她不是也理应有权利阻止男作家将这些书信公开发表吗？

我以为，这一法律逻辑最有力地证明了：书信的著作权人对于书信的发表并无绝对权利，在特殊情形下，隐私权还可能完全压倒著作权——收信人有理由要求销毁这些书信。

后　记

　　首先要感谢周运的提议，还有吕大年、高峰枫两位的允准，使我有机会提前编录这部文集，继《洛城论学集》、《人物百一录》之后，第三度跻身"六合丛书"之列。这是我很欣幸的事。至于书名，几经推敲，还是更希望延续"洛城论学"这个自恋的名目，也很承周运的优容。

　　书中所辑的文字，约摸写于《洛城论学集》以后三四年间，而主题与体裁较之《洛城论学集》恐怕要更为庞杂些，大致别为四类：

　　第一类属于考证性的论文。前四篇皆发表于《中国文化》杂志，这得感谢刘梦溪先生的器重。我不在学术体制之内，写正规论文并非急务，多年来积累多而撰述少，因刘先生邀我撰文，增了一份动力，始小有所就。论文发表时，按杂志体例需提供英文标题，又屡承周运、吕大年代为拟定。《再论中国上古多数决原则的痕迹》是一篇续作，承刘小磊重视，也跟旧作

《中国上古多数决原则的痕迹》一样，仍发表于《南方周末》。在校稿时，《说"前席"》、《再论中国上古多数决原则的痕迹》的正文有较多的增补，当然，应以此文本为准。

第二类属于掌故与诗学。关于梁鸿志的两文篇幅较长，分量也更重，而促成我动笔的因缘，则是《掌故》丛刊的约稿，这得感谢作为主事者的严晓星。其中"三十三宋"一篇的拓本图片，承王家葵、卞爱龙两位提供。谈梁鸿志其人，不能不兼及其诗，故将有关诗学的几篇也归入此类。《章士钊逸诗及其他》系因身边友人蔡战家传的藏品而作，这得多谢他慷允公开。

第三类属于读书札记或书评。有关《脚注趣史》、《文雅的疯狂》的两篇体例特殊，内容亦相当琐细，感谢陆灏先生的宽大，得以在《上海书评》刊发。

第四类属于评论。这部分文章的性质更近于"思"，而异于"学"，之所以仍阑入此集，是我自信这些文章虽多因时事而作，在主题和写法上也往往超乎规矩之外，但仍融入了学理探讨，而"学"与"思"，终究是殊途同归的。多数篇章都发表于"腾讯·大家"专栏，这得感谢友人张晓舟的推荐，也得感谢陈小远等编辑的处理。跟我过去刊行的文集一样，此编诸文仍多附有补记，而《书信发表权之私见》更附有网络讨论的内容，看上去尤显芜杂，考虑到言之有物，弃之可惜，还是破例保留了。

诸文乍长乍短，忽东忽西，旨趣亦异，殊不易评判，也要感谢冯永军费心赐序。

对于我的写作，恐怕不少人，包括我的友朋，会觉得我相当高产；但在我自己来说，只会觉得太低产。相对于我的积累，相对于我可以写的题目，我写得其实很慢！写东西这件事，已延续了二十多年，不可谓不熟练，但仍是一件让我很畏难的事情，总要先拣出一些小题目来写，总要感到不得不写的时候才去写。

在编定《洛城论学集》时，我们的两个小朋友还没有影子——我当然不会知道，我的生命中，我的世界里，还会有他们呢！而现在，当我编好这部《洛城论学二集》时，他们已开始有了一点头脑，会反问，甚至会"挖坑"了。在学术上，我始终只是在"量变"，但在生活上，我却因之有了"质变"。感谢大宝、小宝，给我带来了此生的"质变"。

趁此机会，还应当说一说我的父母亲。近半年多来，为了两个小朋友，太太、嫂子依旧劳累，而父母也费了更多的力气。我一则以疚，一则以喜。疚者，是这些事本属我的分内；喜者，是他们的身体还能应付这些事。

他们向来如此，理所当然地付出；我也向来如此，理所当然地接受。归根到底，是因为他们，一直以来我才有了可以用力于学的条件吧。这是我的恩典——作为不信主的人，我不禁也要用一次这个属于主的词，才更能表达我的感激。

2016 年春夏间写于洛城

图书在版编目（CIP）数据

洛城论学二集／胡文辉著 . — 杭州：浙江大学出
版社，2017.7
（六合丛书）
ISBN 978-7-308-16544-0

Ⅰ. ①洛… Ⅱ. ①胡… Ⅲ. ①中国历史－文集 Ⅳ.
①K207-53

中国版本图书馆 CIP 数据核字（2016）第 325100 号

洛城论学二集

胡文辉 著

策　　划	周　运	
责任编辑	王志毅	
出版发行	浙江大学出版社	
	（杭州天目山路 148 号　邮政编码 310007）	
	（网址：http://www.zjupress.com）	
排　　版	北京大观世纪文化传媒有限公司	
印　　刷	北京中科印刷有限公司	
开　　本	880mm×1230mm　1/32	
印　　张	9	
字　　数	166 千	
版 印 次	2017 年 7 月第 1 版　2017 年 7 月第 1 次印刷	
书　　号	ISBN 978-7-308-16544-0	
定　　价	42.00 元	